Die Frau in der Literatur

Maria von Welser

MARIA VON WELSER

Frauenmut

Elf Frauengeschichten aus dem
vereinten Deutschland

Mit einem Nachwort von
Maria von Welser

Ullstein

Die Deutsche Bibliothek – CIP-Einheitsaufnahme
Welser, Maria von:
Frauenmut: elf Frauengeschichten aus dem vereinten Deutschland/
Maria von Welser. Mit einem Nachw. von Maria von Welser. –
Orig.-Ausg. – Berlin: Ullstein, 1997
(Ullstein-Buch; 30419: Die Frau in der Literatur)
ISBN 3-548-30419-2

Ullstein Buchverlage GmbH,
Berlin
Taschenbuchnummer: 30149
Dezember 1997
Umschlaggestaltung: Theodor Bayer-Eynck
Illustration:
© T.C.L. Bildagentur Bavaria
Frontispiz: © Copyright Isolde Ohlbaum

Printed in Germany 1997
Gesamtherstellung:
Clausen & Bosse, Leck
ISBN 3 548 30149 2
Gedruckt auf alterungsbeständigem Papier
mit chlorfrei gebleichtem Zellstoff

Inhaltsverzeichnis

Hoffnung

Liebe

Wir sind Frauen und lieben Frauen

Vom langen Weg, sich zum lesbischen Leben zu bekennen

Rund vier Millionen Frauen leben als Lesben in Deutschland. Sie bekennen sich dazu und stellen sich der oft subtilen, aber umso schmerzhafteren Diskriminierung. Viel größer noch ist die Zahl der Frauen, die nicht zu ihrer Art der Sexualität stehen. Helga und Christa haben auch lange schwierige Jahre gebraucht, um vor sich selbst und damit auch nach außen zu ihrer Lebensform zu stehen.

Von außen zeigt sich das Haus wie eines von Tausenden in dieser norddeutschen Hansestadt: ein bißchen britisch, mit Türklopfer und bunt bemalter Haustüre. Blumen grüßen aus dem schmalbrüstigen Fenster, wie überhaupt dort alles sehr schmalbrüstig scheint. Es ist eben ein Reihenhaus, in einer verkehrsberuhigten Straße. Die Treppen zur Haustüre bröckeln an einigen Stellen, der Fußläufer liegt schief. Aber auf das Klingeln öffnen ein paar strahlende, blaue Augen, umrahmt von blonden, wilden und langen Wuschellocken. Christa, Mitte bis Ende dreißig, Psychologin und Psychotherapeutin von Beruf. Helga, die Freundin und Lebensgefährtin, kommt langsamer, zögerlicher aus der Türe in den schmalen Hausgang, lächelt stiller, greift aber gleich den Mantel des Gastes: »Und hier sind die Puschen, wir haben nämlich überall weiche, dicke Teppiche, und da mögen wir

keine Straßenschuhe drauf.« Mit dem »wir« scheint schon vieles klar: Helga und Christa leben zusammen, sind lesbisch, und stehen vor aller Öffentlichkeit dazu. Inmitten der schon zitierten hanseatischen Kleinstadt.
»Es war ein langer Weg, ein mühevoller Prozeß, mit vielen Tränen und mit Trauer, aber heute sind wir rundum froh und glücklich, daß wir den Mut zu uns und zu unserer Sexualität haben.« Dabei gucken sich die beiden ganz schön verliebt an, als Christa, wie so oft, für beide spricht. Sie hat schon sehr bald auf ihrem schwarzen Ledersofa beide Beine untergeschlagen zum buddhistischen Lotussitz, balanciert in der einen Hand eine Kaffeetasse, in der der Löffel steht, und vollführt mit der anderen graziöse, weit ausladende Handbewegungen. Die beiden hatten ihr »Coming Out« in einer Fernsehsendung.
»Da gab es nur positive Rückmeldungen, sogar der Personalratchef hat mich angesprochen. Er habe viel mehr kapiert. Aus ganz Deutschland haben uns lesbische Frauen geschrieben, sogar Tee aus Sri Lanka hat uns eine geschickt, wir haben es gar nicht fassen können.« Da wirbelt Christas blonde Mähne wie bei einem Pferd durcheinander.
Helga ergänzt: »Christa war doch ein wenig verunsichert vor dem Fernsehfilm, und immer, wenn sie verunsichert ist, kauft sie sich Klamotten. Also auch diesmal. Weil sie aber in dem neuen Kleid im Film so schön mit mir getanzt hat, führt sie seitdem für das Modegeschäft Mode für Mollige vor.«
Denn sowohl Christa wie auch Helga liegen sicher gut zwanzig Kilo über dem Normalgewicht. Was beide mit wallenden Gewändern kaschieren.
Erzählen möchten sie erst einmal über ihre Kinderzeit. Und auch hier beginnt Christa: »Langsam und spät bin

ich erst Frau geworden. Von meinem Elternhaus her hatte ich sicher eine Mutter als Modell, die ich nicht als Mutter anerkannt habe. So die klassisch-bürgerliche Hausfrau. Der Vater war Religionslehrer. Beide haben mich eher körperfeindlich erzogen, so daß ich mich lange Zeit als Neutrum gefühlt habe.«

Frage: Wann haben Sie sich denn dann zum ersten Mal als Frau empfunden?

Christa: »So mit 14 war ich zum ersten Mal in einen Jungen verliebt, und da habe ich mich zum ersten Mal als Frau gefühlt. Bis dahin kam ich mir eher wie ein lernendes Neutrum vor. Solange ich denken kann, hatte ich immer beste Freundinnen.«

Frage: Wie war Ihre Beziehung zu Ihrem Vater?

Christa: »Also mein Vater, der hat eine wahnsinnig wichtige Rolle in meinem Leben gespielt. Er war der, den ich am meisten geliebt habe. Er hat mich in Richtung Leistung gebracht, denn er wollte vor allem stolz auf seine Tochter sein, aber eher so als sein Abbild, als das Abbild von ihm als Mann.«

Frage: Wollten Sie dann nicht auch als Folge davon ein Mann oder ein Junge sein wie der Vater?

Christa: »Nein, nie, ich konnte ja meinem Vater genügen, weil ich auch tierisch leistungsorientiert war. 'Ne Zwei war schon schlecht für mich in der Schule, es sollte, mußte die Eins sein. Sonst war ich tödlich geknickt.«

Später, während ihres Studiums, unterwarf sich Christa, wie alle Psychologie-Studenten, mehreren psychologischen Analysen. Denn auch sie gehörte zu den 88 Prozent, die dieses Studium ansteuerten, um vor allem sich selbst besser kennenzulernen. In ihren ersten Träumen taucht immer wieder der Vater auf, der sein Kind nach seinem Vorbild zu formen versuchte. Als der Vater stirbt, gerät Christa in eine schwere Lebenskrise. Immer noch weiß sie aber nicht, daß sie mit Frauen glücklicher leben wird als mit Männern.

Wie sehr unsere Existenz auch immer mit unseren Eltern zu tun hat, bestätigt Helga, die Lebensgefährtin. Sie ist heute Mitte Vierzig, hat eine renommierte Position als Justitiarin an einer Universität in Norddeutschland. Auf die Frage nach ihrem Lebensstatus bei der Einstellung antwortete sie nur: »Wir haben ein Haus gekauft. Christa wohnt unten, ich oben.« Mehr traute sie sich nicht, denn es war damals noch eine befristete Stelle.

Helga scheint in ihrem ganzen Leben den konsequent lesbischen Weg gegangen zu sein. Bei ihr gab es keine Jugendliebe, kein Verliebtsein, bei dem sie sich erstmals als Frau gefühlt hätte. Aber auch sie wollte nicht so sein wie ihre Mutter. Die erschien ihr so richtig »patriarchalisch funktionierend«, unter der Kuratel von Großvater und Vater. Helga dagegen ist auf dem großen landwirtschaftlichen Hof in Oldenburg das geliebte Kind dieser beiden Männer. Besonders der Großvater nahm die Kleine, die mit ihren kurzen blonden Haaren eher wie ein frecher Lausbub wirkte, überall mit hin. Auf die Felder, in den Stall, zum Markt, in die Stadt und zum Mechaniker, wenn mal der Trecker repariert werden mußte.

Frage: Was hat denn die Mutter gesagt, als diese Helga nie einem Jungen schöne Augen machte?

Helga: Die hat sich ziemlich aufgeregt. Die ganze Verwandtschaft hat sich ziemlich aufgeregt. Alle anderen hatten bereits Freunde, nur ich nicht. Ich hab' mir mal einen von meiner Mutter aufs Auge drücken lassen – aber das war furchtbar. Sie meinten, einen Landwirt, den müsse ich haben: Der hatte so viele Äcker, daß er auf seinem Trecker schlafen konnte, ohne am anderen Ende anzugelangen. Aber der war so furchtbar, daß ich mich ernsthaft gefragt habe, was wissen die eigentlich von mir, daß sie mir so einen Typen andienen wollen.«

Frage: Wie hat Helga dann reagiert?

Helga: »Ganz einfach. Ich bin so früh wie möglich aus dem Haus. Mit 19 Jahren. Habe eine Ausbildung zur Postbeamtin angefangen, mittlere Laufbahn. Dann hatte ich das Gefühl, mir fehlt doch noch was. Also habe ich viel auf die Seite gelegt und mit 30 das Jurastudium angefangen. Das war eine tolle Zeit. Da hab' ich dann auch zum ersten Mal mit 14 Frauen Urlaub gemacht, in Schweden. In diesem Urlaub hatte ich auch meine erste Liebesbeziehung mit 'ner Frau. Für mich war seit damals klar, daß ich das nur mit Frauen kann, nie mit Männern. Obwohl ich mit Männern gut klarkomme, da habe ich eigentlich keine Probleme. Wenn es eben nicht um Erotik oder Sexualität geht.«

Frage: Lehnen Sie denn Männer grundsätzlich als mögliche Partner ab?

Helga: »Ja, als Sexual-Partner schon, aber sonst nicht. Ich habe so viele gute männliche Freunde.«

Frage: Können Sie mit denen auch über Lesbisch-Sein reden?

Helga: »Mit manchen, nicht mit allen. Viele blocken da ab, haben Ängste.«

Christa sieht und erlebt das schon aus ihrem Lebenslauf heraus ganz anders. – Ihrem Vater war sie eher Partnerin als Tochter. Mit ihr konnte er, der CDU-Stadtrat, über Politik diskutieren. Obwohl sich die Tochter dann erstmal in der SPD engagierte. Sie könne so sein Kind nicht sein, ereifert sich Christas Vater. Dennoch nimmt er sie mit nach Bonn, zeigt ihr den Bundestag, führt sie in Kultur und Musik ein. Immer weg von der Mutter, weg aus einem biederen, engen Heim, das Christa monatelang gar als freudlos empfindet. Die Mutter entwickelt sich zum »Störenfried vom Dienst«.

Christa: »Das hat sie mit ganz kleinen Dingen perfekt beherrscht, zum Beispiel einfach bei der Hausmusik Blumen gießen.«

Frage: Hat denn die Tochter nie eine Solidarität zur Mutter gespürt, daran gedacht, daß die Mutter leiden könnte?

Christa: »Nee, eigentlich nicht. Heute sehe ich das eher. Diese Beziehung Vater-Tochter war vielleicht auch gefährlich für sie. Sie hat wenig von ihm gehabt, er hat sie als nicht so intellektuelle Frau nicht so ernst genommen. Da hat sie sicher auch drunter gelitten.«

Frage: Gab es über Kultur, Musik und Politik hinaus auch andere Annäherungen des Vaters an die doch anscheinend sehr geliebte Tochter?

Christa: »Nein, nicht so, wie das heute über Inzest überall zu lesen ist. Einmal hat er sich mir nackt gezeigt, aber da habe ich ihm gesagt, daß ich das nicht gut finde, und da war dann Schluß. Da bin ich sehr froh darüber.«

Mit 18 Jahren zieht Christa aus, nachdem ihr die Eltern jeden bisherigen Freund mit sanftem Druck ausgeredet hatten. Sie zieht nach Münster, studiert, und arbeitet hinter den Kulissen für die Jusos, weil sie immer noch nicht ihren Vater öffentlich desavouieren will. Die Eltern versuchen sie mit »Geld und Futtertrog« weiterhin zu binden. Aber Christa bittet weder um das eine noch um das andere und arbeitet in Kneipen, als Sesseltesterin oder im Büro. Nach der ersten längeren und guten Männerbeziehung, die viereinhalb Jahre hielt, verliebt sich Christa in eine Frau.

Christa: »Also, ich bin nicht aus der Not heraus zu den Frauen gekommen, ich fand die Männer keineswegs alle schrecklich. Irgendwann ist es halt passiert. Wir hatten uns auf einer Tagung kennengelernt. Sie war auch so eine klassische Hetero-Frau, die noch nie was mit einer Frau gehabt hatte.«

Frage: Wie kamen Sie beide dann doch zusammen?

Christa: »Geschafft hat das ein Therapeut auf dieser Tagung, der uns dann mal, wie er sagte, 'nen netten großväterlichen Rat geben wollte. Wir sollten das Leben, das in uns ist, nicht abschneiden, das Leben wäre dafür zu kurz und zu schade.«

Frage: Wie ging das alles weiter – hier die männliche Beziehung, dort die mit der Frau?

Christa: »Zuerst hab ich mal dieses Dreier-Chaos gebaut. Mit einem neuen Mann, dem alten Mann und dieser Frau. Da ging's mir erst mal richtig gut, weil ich alles kriegte, was ich brauchte, mein gesamter Nachholbedarf wurde gedeckt.«

Frage: Wie lange ging das gut?

Christa: »Vielleicht drei Monate, aber dann hatte die ganze Geschichte etwas von einer Schmierenkomödie, obwohl alle sehr intelligente, differenzierte Menschen waren. Sie wurden dann zum Teil nur noch auf ihre Grundtriebe reduziert. Und ich, typisch Doppel-Waage vom Sternzeichen und Aszendenten her, ich wollte mich nicht entscheiden. Ich wollte nicht und würde heute sagen, ich hab' gekniffen.«

Frage: Was haben denn die beiden Männer zu ihrer Frauenliebe gesagt?

Christa: »Also, der eine, der, mit dem ich schon vier Jahre zusammen war, der hat meine Freundin damals sehr gekränkt, wenn wir uns bei mir zu Hause getroffen haben. Aber damals brauchte ich anscheinend eben auch die Aufregung, so als Gegensatz zu meiner Kindheit mit dem Tot- und Kranksein. Jedenfalls hat sich der eine Mann genau in dem Moment von mir getrennt, als ich mich von meiner langjährigen männlichen Beziehung lösen wollte.«

Frage: Und was hat Ihre Freundin zu dieser Situation gesagt?

Christa: »Die war ja auch noch ganz in ihrer Familie drin. Die wollte von mir zwar Ausschließliches, aber selbst konnte sie sich nicht von ihrem Mann trennen. So war das eher eine heiße Liebesaffäre als eine ernsthafte Lebenspartnerschaft.«

Frage: Haben Sie damals bereits an eine solche Partnerschaft mit einer Frau gedacht?

Christa: »Ja, von meinem Gefühl her. Ich merkte, mein Herz geht in Richtung Frauen. Ich wurde aktiver in der Frauenbewegung, machte in mehreren Gruppen auch mehrere Analysen, und dann kam ja Helga.«

Helga hat inzwischen für sich erkannt, daß sie zu den vier Millionen lesbischen Frauen in Deutschland gehört. Sie hat manches erlebt an dieser leisen und unauffälligen Diskriminierung, wie sie hier üblich ist, und konnte sich einigeln in ihre Frauengruppen auf der einen Seite und ihr berufliches Leben, streng getrennt, auf der anderen. Inzwischen weiß sie, daß es seit Menschengedenken immer schon einen bestimmten Prozentsatz Männer und Frauen auf der Erde gegeben hat, die gleichgeschlechtliche Partner liebten. Sie liest, mit großen Augen: Homosexualität, weiblich oder männlich, ist keine Krankheit.
Die Unterdrückung der Homosexualität mache dagegen krank. Helga verschlingt Ricarda Huch und Colette,

die sich zu ihrem Lesbentum bekannten. Sie hört von Fritzi Massary und Claire Waldoff. Registriert, daß es Beamtinnen, Politikerinnen und Amtsträgerinnen im kirchlichen und pädagogischen Bereich besonders schwer haben, wenn sie lesbisch sind. Im Arbeits- und Beamtenrecht, so lernt es die angehende Juristin, ist »Lesbisch-Sein« immer noch ein Kündigungsgrund. Seit fünf Jahren ist Helga mit Gisela befreundet, als sie Christa begegnet.

Helga: »Wir haben da vor einiger Zeit einen Tanzkurs für Frauen gegründet. Und als wir beide so richtig ausgiebig Walzer tanzten, sagt sie spontan: Komm doch mal vorbei. Wir haben uns dann noch lange unterhalten, aber bis ich Christa besuchte, vergingen noch ein paar Wochen.«

Frage: Läuft so eine beginnende lesbische Liebe nach dem gleichen Muster ab wie zwischen Mann und Frau?

Helga: »Nee, das ist schon anders.«

Christa: »Bei Männern reizt mich das andere, das Fremde. Bei Helga spürte ich so etwas Heimatliches, Ähnliches, Vertrautes. Es ist ganz anders als die aufgeregte Verliebtheit. Es ist verbunden mit einem Gefühl von Geborgenheit.«

Frage: Würde Christa, die ja auch Beziehungen mit Männern hatte, noch einmal mit einem Mann ins Bett gehen wollen?

Christa: »Ins Bett gehen vielleicht schon, aber mit ihnen eine enge menschliche Beziehung haben, das kommt mir nicht in den Sinn. Das würde ja auch Helga sehr treffen.«

Frage: Kommen in den erotischen Phantasien nie Männer vor?

Helga: »Doch, erstaunlicherweise schon, obwohl ich schon ganz früh wußte, daß ich mit Männern keine Beziehung haben würde.«

Beide gestehen, daß sie in diesem Punkt viel Druck in der eigenen Beziehung empfinden. Seit fünf Jahren leben sie ja jetzt unter einem Dach. Nach der ersten gemeinsamen Wohnung haben sich Helga und Christa zusammen das Haus gekauft. Für den Fall einer Trennung haben sie einen Vertrag abgeschlossen. Das hat Helga, die vorsichtige Juristin und Landwirtstochter, initiiert. Beide können im Haus wohnen bleiben, teilen sich auch weiterhin die Kosten für das Haus wie bisher. Helga soll dann auch in Zukunft die Bücher verwalten, Christa die Verhandlungen mit den Handwerkern führen. Die Frage, ob das Modell auch funktioniere, wenn beide Frauen, oder eine, eine neue Partnerin habe – diese Frage bleibt unbeantwortet. Helga und Christa schauen sich da nur lachend in die Augen, keine kann sich so etwas vorstellen. Zur Zeit nicht.

Frage: Es entsteht also Druck zwischen Ihnen beiden, weil Christa Erfahrungen mit Männern hat und Helga nicht. Wie gehen Sie damit um?

Christa: »Wir sind beide so verantwortlich füreinander, daß wir beide alles füreinander tun. Nach meiner Meinung müssen Frauen in lesbischen Beziehungen mehr können, mehr tun, weil eben diese männliche Komponente fehlt. Sowohl im Bett als auch im ganz normalen Alltag. Ich kann hier nichts mehr an den Mann delegieren, zum Beispiel ›dreh mal die Glühbirne rein‹, oder ›das Auto ist kaputt‹. Wenn wir beide was nicht können, dann delegieren wir das an bezahlte Kräfte, müssen dafür löhnen, aber das ist uns lieber.«

Frage: Sie haben von den Unterschieden zwischen einer beginnenden Mann-Frau- und Frau-Frau-Liebe erzählt. Jetzt ist die Liebe älter, reifer, hat schon manche Gefahren bestanden. Wo liegen da die Unterschiede? Die Vorteile? Vermißt eine von Ihnen etwas?

Christa: »Einer der Hauptunterschiede, wenn zwei länger zusammen sind, liegt in der gemeinsamen Basis, der Ähnlichkeit. Nicht nur vom Körper her, vom Denken, vor allem vom Fühlen her. Es läuft über die Identifikation. Wenn ich Helga streichle, dann streichle ich mich auch als Frau. Ich identifiziere mich leichter mit ihrem Körper. Es ist dabei nicht nur so, daß ich ihn besser kenne, weil er ein Frauenkörper ist. Nein – ich empfinde beim sexuellen Zusammensein auch mehr Eins-Sein, ich fühle mich tiefer verschmolzen. Darum empfinde ich auch die größere Tiefe einer Frauenbeziehung.«

Frage: Gilt dieses Gefühl nur für die Dauer des Orgasmus?

Christa: »Nein, eben nicht. Es zählt davor und danach. Es hat sehr viel mit dem Auflösen, mit dem Aufgeben meines eigenen Ego zu tun. Es entsteht da so ein ganz inniges

Glücksgefühl. Wenn ich eine Frau liebe, liebe ich dabei auch mich selbst. Und das ist einfach mehr.«

Frage: Gibt es in der lesbischen Liebe klare Rollen, übernimmt immer eine die Rolle des männlichen Partners, die andere die des weiblichen?

Christa: »Nein, jede gibt mal und nimmt mal, das wechselt. Zum Beispiel kommt es ja nie zu einem Interruptus, weil keine schwanger werden kann. Dann gibt es Untersuchungen, daß Lesben in langjährigen Beziehungen seltener miteinander schlafen als Mann und Frau. Dafür aber freiwilliger.«

Frage: Wo liegt da der Grund?

Christa: »Weil jede emotionale Schwankung sofort auch ihren Eingang findet in die sexuelle Beziehung.«

Helga: »Ich kann zum Beispiel nicht sofort mit ihr schlafen, wenn wir gerade gestritten haben.«

Helga scheint in ihrer ausschließlichen Bezogenheit auf Frauen auch mehr zu leiden. In ihrer etwas spröden, langsamen Sprechweise gesteht sie ein, daß bei ihr die Frage, ob die von ihr verehrte und begehrte Freundin womöglich gar keine Frauenbeziehung will, immer die schlimmste Angst ausgelöst hat. In Erinnerung dieser kleinen Schritte – ja nicht zu weit, damit nichts kaputt geht, wenn die andere nun denn doch nicht will, aber auch genau so, wie man es selbst empfindet – da holt sie beim Erzählen ganz tief Luft. Gott sei Dank gäbe es einen bestimmten »Lesbenblick«, einen Blick des Erkennens und einer anderen Art der Neugierde. Aber oft hat Helga dann auch die Kehrseite einer solchen Frauenbeziehung erleben müssen. Lesben können sich gegenseitig viel tiefer verletzen, weil sie viel deutlicher als männliche Partner wissen, wo sie ansetzen können.

Christa: »Zum Beispiel, wenn ich mich ganz weich und empfindlich fühle, so eine Schutzhaut brauche ... Wenn man dann mit so einer blöden Herausforderung kommt, mit Alltagsgeschichten, das tut mir weh.«

Helga: »Ja, das weiß ich, aber ich habe mich heute morgen auch schon ganz wahnsinnig geärgert, weil du mich so angegangen bist. Du kannst nicht über meine Zeit verfügen, nur weil ich heute nacht geschnarcht habe ...«

Es scheint wie im ganz normalen Leben zu zweit. Nur, daß die beiden eben Frauen sind. Die zwar alles miteinander teilen können – aber gemeinsame Kinder oder eine Heirat, das gehört noch ins Reich der Fabel im Deutschland des 20. Jahrhunderts. Im Gegensatz dazu ziehen in den Vereinigten Staaten fünf Millionen homosexuelle Paare, weiblich und männlich, Kinder auf. Adoptierte oder durch künstliche Befruchtung entstandene Kinder. Helga und Christa vermissen Kinder nicht, empfinden eher so eine Sehnsucht. Sie wissen nicht, wie es wirklich wäre, wenn sie die endgültige Verantwortung hätten, wenngleich Helga mit Leidenschaft viel freie Zeit mit den Kindern ihres Bruders und den Großneffen verbringt.
Einen großen gemeinsamen Wunsch wollen sie sich noch in ihrem Leben erfüllen: ein gemeinsames »Ritual«, so nennen es die beiden Frauen. Wie eine Hochzeit soll es

sein, mit allen guten Freunden und dem Versprechen, daß sie nicht gleich beim ersten Zoff auseinandergehen. Damit sie sich auch nicht wie bisher bei Freunden und Bekannten mit »meine Süße« oder »meine Freundin« vorstellen müssen. Damit es mehr Menschen wissen, daß sie in guten wie in schlechten Tagen zusammenstehen möchten. So wie ein Ehepaar …

Er ist schwarz, aber das sehe ich nicht

Vom Aufwachen und vom neuen Leben in einem alten Land

Das grün-lila, kunstvoll bestickte afrikanische Gewand ist ihr viel zu groß: Susi versteckt ein wenig hilflos ihre Hände in den tiefen Taschen, lehnt sich zurück in ihrem graubraunen Wohnzimmersofa der 70er Jahre und holt tief Luft. Wo anfangen mit ihrer Geschichte, einem 38jährigen typischen Leben in der Ex-DDR? Wo aufhören, jetzt, vor der Schwelle zum zweiten Jahrtausend, in dem nichts mehr ist, wie es einmal war, und die Zukunft voller Fragezeichen steckt? Da gibt ihr der große afrikanische Kasack Schutz. Dabei ist Susi Helmbrod eine echte Powerfrau. Wie so viele in den Neuen Bundesländern.

Mit 16 ging sie von zu Hause weg. Schwanger. Nur so bekam man als junger Mensch auch eine eigene Wohnung. Wohnung ist vielleicht übertrieben, aber ein eigenes großes Zimmer, im Süden Berlins, in dem man machen kann, was man will. Eben zum Beispiel auch ein Kind kriegen. Abtreibung stand nicht an. Mit Kinderhort ganztags, Kindergartenplätzen und Ganztagsschulen war es für Susi klar, daß sie trotz und mit dem Kind ihre Ausbildung weitermachen würde können. Vom Vater war schnell keine Rede mehr, aber auch das gehörte in den damaligen DDR-Alltag. Da hat sich kaum einer richtig aufgeregt.

Susi wird Unterstufenlehrerin und Pionierleiterin an einer Zentralratsschule. Da lernt sie dann auch Achim kennen, der sie samt dem kleinen Sven gleich heiratet. Susi ist zufrieden. Es kommen noch drei Kinder zur Welt, alle gehen in den Hort, und Susi arbeitet. Acht Stunden am Tag. Achim leitet ein Kulturzentrum und ist viel weg von zu Hause. »Da ist es mir schon manchmal schwergefallen, nach der Arbeit noch den ganzen Haushalt mit den vier Kindern zu schmeißen – aber er war eben weg, weil viele Veranstaltungen gerade am Abend abliefen«, erzählt Susi heute. Damals, gesteht sie, hat sie manchmal richtig Wut im Bauch gehabt. Aber vor lauter Permanent-Einsatz fehlte die Kraft zum Diskutieren und Einfordern von Achims Einsatz auch zu Hause.

Die Wende in Susis Privatleben kam zeitgleich mit der Wende im November 1989. In ihrem kleinen Dorf im Brandenburgischen trat das ein, was alle um sie herum in der Ex-DDR mit voller Härte traf: die Arbeitslosigkeit. Schließlich hatten bisher 92 Prozent aller Frauen in der ehemaligen DDR gearbeitet. Kinderkrippen, Horte und Ganztagsschulen nahmen den Frauen die Sorge um die Kinder mit ab. Bereits 1991 sind 55 Prozent aller Frauen arbeitslos. Bis zum Ende des zweiten Jahrtausends soll die Zahl weiter steigen. Was aber die Situation der Frauen besonders ausweglos erscheinen läßt: Von den arbeitslosen Männern werden 36 Prozent wieder eingestellt – von den Frauen nur 12 Prozent. Parallel mit der Schließung der sozialen Einrichtungen für Kinder bekommen Frauen keine Jobs mehr.
In dieser Situation wechselt Susi als Leiterin in die Gleichstellungsstelle der Kommune. Und hört und sieht hautnah, was mit den Frauen um sie herum los ist.

»Ich hielt den Frauen immer große Reden, was sie alles ändern müssen zu Hause. Wie sie sich durchsetzen sollen – aber selbst fehlte mir die Kraft.« Susi stellt immer mehr fest, daß Achim unzuverlässig ist. Er holt die Kinder nicht regelmäßig ab, wenn es am Frühstückstisch so ausgemacht war, er grenzt sich selbst immer mehr von seiner Familie ab. Susi fühlt sich doppelt alleingelassen. Die Kinder bekommen zwar nichts direkt mit – aber Susis Wut nimmt zu. Sie hat mal wieder einen Informationsabend in der Stadtbücherei angesetzt, für alle arbeitslosen Frauen. Achim fragt sie schon gar nicht mehr, ob er mal einen Abend zu Hause bei den Kindern bleiben könne. Ihre Mutti ist wie immer der Notnagel. Sie kommt schon am Nachmittag aus Bitterfeld rüber. Aus der ehemaligen Großküche der chemischen Industrie, wo inzwischen jeder zweite Mann und jede zweite Frau arbeitslos sind. So wie Susis Mutti.

Das Gemeindezentrum mit der Stadtbücherei ist neueren Datums, wurde nach der Wiedervereinigung gebaut. Ganz nah an der Gemeindeverwaltung. Beton, mit modernem Ansatz. Drumherum allerdings die alten Plattenbauten. Acht Stockwerke hoch, selbstverständlich ohne Aufzug. Dafür hatte der Hauswart früher nichts dagegen, wenn sich die Kinderwagen und Fahrräder im Eingangsbereich stapelten. Aus diesen Wohnungen kommen jetzt die Frauen. Noch Gold gehe es ihnen hier, in dem 20000-Seelen-Dorf. Denn hier sei die Arbeitslosigkeit nur bei 32 Prozent, erklärt ihnen Susi. Schließlich fahren sie auch nur eine Stunde mit dem Bus oder der S-Bahn mitten hinein in den neuen Großmoloch Berlin. Wo Arbeit keineswegs ein Mangel ist.

Aber trotzdem: Viele der jungen Frauen erzählen, sie hätten sich jetzt nach dem zweiten oder dritten Kind sterilisieren lassen. Weil sie immer wieder bei der Arbeitssuche zu hören bekommen hätten, daß eben Frauen mit Kindern eher ausfallen, als ein Mann, der in der Regel die Kinder nicht betreut. Susi steht dem ziemlich hilflos gegenüber. Ob aus ideologischen oder anderen Gründen, für sie war immer klar, daß ein Volk auch Kinder braucht. Daß das heute nicht mehr gefragt ist, kann sie kaum begreifen. »Der Gemeinderat wollte uns auch beinahe die Gelder für den Hort und die Tagesstätten kürzen. Aber Gott sei Dank sitzen da auch viele von uns gewählte Frauen drin, und die haben das mit einem Aufschrei verhindert. Sonst wäre womöglich unser Industriezentrum noch eine Nummer größer ausgefallen.«

Ein zweites Thema kommt später zur Sprache. Das bisherige Tabuthema Gewalt. Die es in der DDR nicht gab, und wenn, wurde nicht darüber geredet. Frauenhäuser – eine Erfindung des Westens. Verachtenswert. Inzwischen gibt es 16 Frauenhäuser in den Neuen Ländern. Überfüllt. Denn die Gewalt der Männer nimmt zu. Wie die Arbeitslosigkeit und die Aussichtslosigkeit. Eine Scheidung erscheint vielen der Frauen darum an diesem Abend die einzige Lösung – aber die Angst vor dem wirtschaftlichen Aus hält sie zurück. Zwar sind Mieten und Lebensmittel immer noch sehr viel günstiger als in den alten Ländern. Aber dennoch: Wo nichts ist, hat der Kaiser sein Recht verloren. Im Klartext: Männer ohne Arbeit werden auch keinen vom Gesetzgeber festgeschriebenen Unterhalt zahlen. Also: bleiben und hoffen, daß es besser wird. Zu Hause und mit der Arbeit.

Susis Abende, die sie als Gleichstellungsbeauftragte immer unter ein Motto stellt, werden immer beliebter. Nur – so vieles kann sie nur ansprechen, aber keinesfalls ändern. Was bringen dann dieser ganze Organisationsaufwand, diese viele Zeit, die ihr bei den Kindern fehlt? Achim müßte helfen – aber er tut es ja nicht. Susi nimmt sich vor, noch heute abend mit ihm Tacheles zu reden. Und wenn sie noch so müde ist. So geht es auch bei ihr nicht weiter. Obwohl sie beide einen nicht schlecht bezahlten Job haben. Und damit zu den Glücklichen gehören.

Susi geht nachdenklich nach Hause. Die kleine Stadt ist menschenleer. Trotz Wiedervereinigung und marktwirtschaftlicher Entwicklungen gibt es unverändert nur eine alte Kneipe im Ort und einen Italiener, der wegen seiner günstigen Pizzen heißbegehrt ist. Im Hausgang ist es dunkel, das Licht geht mal wieder nicht. Aber sie kennt die acht Treppen nach oben in ihre Vier-Zimmer-Wohnung auch im Schlaf.

Achim ist noch auf. Er strahlt über das ganze Gesicht und läßt Susi gar nicht erst zu Wort kommen: »Du, ich kann mit der Kultur-Gruppe nach Amerika fliegen, zwei Wochen lang, und es ist sagenhaft billig. Ich muß mir gar kein Geld leihen, es reicht das Gesparte auf dem Konto ... ist das nicht super? Du sagst ja gar nichts ... freust du dich nicht?« Aber Susi fällt erst mal gar nichts ein. Er will nach Amerika, vierzehn Tage, und unser Gespartes dafür hernehmen, mit dem wir mit den Kindern nach Italien in Urlaub fahren wollten? Susi läßt sich in den Sessel fallen, während Achim in seiner Begeisterung sogar eine Flasche Rotkäppchensekt aus dem Kühlschrank holt.

»Sag mal, meinst du das ernst, mit unserem Geld fährst du allein ... ich faß es nicht.«

Sie reden noch lange aneinander vorbei, wie Susi findet. Und am Schluß ist es klar: Achim fährt, und Susi wird es schon alleine schaffen, mit dem Job und den vier Kindern. Wie immer.
Für die junge Frau beginnt eine gute Zeit. Sie unternimmt viel mit den Kindern, fühlt sich wohl allein und stellt fest, daß sie Achim eigentlich gar nicht vermißt. Ihre Mutti kommt öfter mal rüber, oft nimmt sie die Kleinen auch mit zu Freunden. Das Leben erscheint ihr plötzlich unkomplizierter, unangestrengter. Und Susi weiß jetzt, was sie will.

Zwar mit Timelag, aber fröhlich kommt Achim zurück. Es ist mittags, die Kinder noch in der Schule, aber Susi erwartet ihn zu Hause.
»Was machst du denn da, um diese Zeit, bist du nicht arbeiten?«
Susi holt tief Luft, die Nacht vorher hatte sie sich ja schon alles mehrfach vorgesagt, also jetzt: »Ich will, daß du gehst«, erklärt Susi ihm bestimmt, »es paßt so vieles nicht mehr zwischen uns, und wir sollten beide darüber nachdenken, wie wir uns die Zukunft vorstellen.«
Jetzt ist Achim sprachlos, begreift die Welt nicht mehr. Zu müde zum Diskutieren, zu überrumpelt, zieht er wortlos ab ins Bett.

Wenn sich Susi so zurück erinnert, dann sagt sie heute, daß es erst die häßlichen Dinge waren, die in der ersten Trennungszeit zwischen ihnen gesagt wurden, die für sie die Trennung endgültig machten. Denn Achim dachte zuerst nur an einen Schuß vor den Bug, an eine vorübergehende Zäsur. Aber er schleuderte ihr in seiner Wut auch solche Sätze entgegen: »Du bist das alles nur durch mich« und »ich bring das Geld, du kannst die Kinder doch gar nicht alleine ernähren«. Sie kann heute alle verstehen, die sich schwer trennen. Es war eine harte Zeit für beide, das sieht Susi ganz klar. Vor allem für die Kinder war es ein Schock: Bei anderen Familien, argumentierten sie, gibt es unzählige Gründe für eine Trennung, aber wir sind doch immer eine tolle Familie ... Vor allem ihrem ältesten Sohn Sven, dessen Vater nicht Achim ist, dem kann sie es bis heute nicht vermitteln.

Beide großen Söhne zogen dann zum Vater. Was ihr bis heute weh tut. Aber sie kommen jeden zweiten und dritten Tag mal an, es ist inzwischen alles ganz locker. »Achim und ich sind heute bessere Freunde als je während unserer Ehe«, sagt Susi. Die Männer-Kommune funktioniert prima. »Wir machen auch keinen solchen Putzstreß wie die Mama«, sagen die Jungen. Geputzt wird, wenn Zeit und Bedarf ist, seit einem Jahr hat allerdings Achim wieder eine Frau. Da hat sich manches geändert. Susis Söhne erleben da noch einmal, was auch sie in Konflikte mit Achim gebracht hat: das Abgeben von Verantwortung, das nicht teilnehmen an gemeinsamer Arbeit zu Hause. Aber: »Die neue Frau ist schneller am Diskutieren, sie fordert viel heftiger die Leistung der Söhne und von Achim ein, da war ich viel zu lasch«, sieht Susi heute ein.
Die Großen, wie sie ihre Jungen gerne pauschal nennt, erleben durch Achims Arbeit im Kultur-Zentrum viel Neues. Da kommen Künstler, Musiker, Maler. Da gibt es Performances und Theater und über Uhrzeiten zum Heimkommen wird nicht geredet. Wenn Susi leicht verletzt darauf zu sprechen kommt, dann sagen die Söhne auch immer wieder: »Du hast dich im Zweifelsfall immer

für die Kleinen entschieden, wenn wir alle was unternehmen sollten, das war uns oft zu langweilig.« So einfach ist das, und Susi findet sich zurecht.

Susi stürzt sich in ihre Arbeit. Erst ist schon so eine Leere da. Nur – in Anführungsstrichen – zwei Kinder zu Hause. Die großen Jungen fehlen ihr. Das Private gerät nach all diesen Ereignissen bei Susi ein wenig in den Hintergrund. Inzwischen hat sich die Situation der Frauen in ihrer Gemeinde noch weiter verschlechtert. Jede zweite Frau ist von einer Veränderung am Arbeitsplatz betroffen: Ausstellung, Umschulung, ABM-Maßnahme oder Arbeitslosigkeit. 70 Prozent aller Arbeitslosen sind jetzt schon Frauen. Wenn sie erst mal einen Arbeitsplatz verloren haben, haben sie kaum mehr Chancen, wieder einen neuen zu finden. Jetzt werden auch noch die Arbeitsbeschaffungs-Maßnahmen, damals vom Bund als Übergang geplant, endgültig gestrichen. Da hilft es auch nicht viel, wenn die Frauen-Netzwerke richtig Druck machen. Sie können zwar noch verhindern, daß die öffentlichen Verkehrsmittel in ihrer Fahrfrequenz verringert werden – da bräuchten dann alle inzwischen arbeitslosen Mütter auch noch Autos, um die Kinder in die Horte und Tagesstätten zu bringen. Auch die Öffnungszeiten sind immer noch so wie früher – von sechs bis achtzehn Uhr. Aber Susi bemerkt es auch selbst: »Die letzte Mutter bekommt heute schon oft mal ein patziges ›So spät?‹ entgegen gehalten.« Das war zu DDR-Zeiten einfach kein Thema.

War es also doch besser, früher? Vor allem für die Frauen und Mütter? Susi denkt nach und schüttelt zustimmend ihren Kopf: »Ja, wenn ich so uns und die Kinder anschaue. Dann schon. Es ist auch kein Land in Sicht, keine Verbesserungen. Gerade die jüngeren Frauen beteiligen sich überhaupt nicht mehr am Kampf um die Durchsetzung von Grundbedürfnissen von uns. Ganz zu schweigen von der Jugendarbeitslosigkeit. Das macht mich schon traurig. Jede Familie hat heute eine arbeitslose Frau. Das find' ich richtig schlimm.« Weil es vor allem auch die älteren Frauen trifft, die ab 50 Jahren schon überhaupt keine Chance auf dem engen Arbeitsmarkt haben. »Die finden«, erzählt Susi nicht ohne Bitterkeit, »einen neuen Job in den Familien, wenn die jungen Frauen noch im Job sind.« Omas hätten früher gar keine Rolle gespielt. Die haben schließlich auch bis 65 Jahre gewerkelt. Bis zur Rente. Jetzt tut sich da ein neues Betätigungsfeld auf. Der Not gehorchend ... Susi formuliert das mit leiser Stimme so: »Die ganze Infrastruktur hängt am Tropf. Unsere ABM-Maßnahmen und die Personalkosten – wir barmen jedes Jahr ...«

Susi sitzt immer noch in ihrem Sofa, während sie dies alles erzählt. Um sie herum zwei dicke Fauteuils, ebenso graubraun bezogen wie das Liegemonster. Der Blick fällt hinaus auf einen großen Abenteuerspielplatz, der nach der Wende vom frauendominierten Gemeinderat durchgesetzt wurde. Auf dem winzigen Balkon wachsen Küchenkräuter und Geranien, ein Grill erzählt von vielen Festen. An den Wohnzimmerwänden fallen afrikanische Masken auf. Sie sieht die fragenden Blicke und berichtet weiter: »Vor eineinhalb Jahren war ich auf der Hochzeit von Freunden eingeladen. Hier in unserer Gemeinde im Süden Berlins. Da ist mir José aufgefallen. Ein Angolaner. Er war der einzige, der alles nur ganz still angeguckt hat, so richtig aus der Distanz. Später haben wir dann auch getanzt, konnten uns aber nur mit den Händen verständigen. Obwohl er schon fünfzehn Monate in Leipzig studierte, konnte er immer noch nicht richtig Deutsch.«

Susi denkt nach dem Fest nicht mehr viel an ihn. Erst als seine Schwester anruft, fällt ihr alles wieder ein. Er würde sich gerne mit ihr treffen, erzählt sie. »Keine Angst, ich komme mit, wegen der Sprache.« So begann alles ganz langsam. Auch vor dem Hintergrund neonazistischer Übergriffe auf Schwarzafrikaner. Warum sein Deutsch immer noch nicht besser sei, fragt ihn Susi schließlich. Da kommt sie drauf, daß er im Sprachkurs der Universität ausgegrenzt wird und daß er die Wochenenden immer mit seinen Freunden aus Angola verbringt. Auch aus lauter Heimweh. Da helfe es ihm auch nicht, wenn ihn sein Onkel oft einlädt, der als angolanischer Konsul in Deutschland arbeitet. Seine Schwester, die seit zehn Jahren gerne hier lebt, versucht ihn weiter zu integrieren. Gibt dies auch gegenüber Susi offen zu. So treffen sich die drei immer öfter. Ganz langsam wächst die Sympathie. Und Josés Deutschkenntnisse wachsen auch. Nach drei Monaten kommt er zu Susi nach Hause, lernt die beiden Kleinen kennen. Die mögen ihn sofort. Und Susi erlebt am Wochenende einen Mann, der zu Hause an allen Ecken und Enden wie selbstverständlich mithilft. Und auch schon mal fragt, ob er für die Wochenenden etwas von seinem erjobbten Geld in die Haushaltskasse geben kann. Susi geht es richtig gut. Und auch die großen Söhne kommen mit José gut zurecht. Weltübergreifender Fußball bringt sie auf dem Abenteuerspielplatz näher.

Eine Zeit des beschaulichen Glücks. Ungetrübt von außen. Allerdings mit vielen offenen Fragen. Zum Beispiel: Wann geht José nach seinem abgeschlossenen Studium wieder zurück? Was wird aus Susi und den Kindern? Und schließlich: Hält die Beziehung trotz der neun Jahre Altersunterschied?

Viel schneller als erwartet, brechen Ereignisse über die beiden herein, die sie zu Entscheidungen zwingen. Aus Angola kommt die Nachricht, daß Josés Bruder gestorben ist. José will sofort zurück. Susi fühlt, daß sie irgendwie reagieren muß. Sie lieben sich, das ist klar inzwischen. Und sie wollen auch zusammenbleiben. Susi beschließt mit José nach Angola zu reisen. »Ich will dein Land sehen, deine Familie kennenlernen, und mich dann entscheiden«, sagt sie ganz klar. Die beiden jüngeren Kinder bleiben derweil bei ihrem Ex, und im Job nimmt sie zwei Monate Auszeit. Das geht, weil sie in dieser Zeit auch auf ihr Gehalt verzichtet. Für José ist die Rückkehr allerdings offen. Als Student mit einem Stipendium hatte er eine sichere Aufenthaltsgenehmigung. Aber zum einen wollte er Jura nicht weitermachen, zum anderen war er gerade bei der Nachprüfung durchgerasselt. Also schlechte Karten für eine Zukunft im Neuen Deutschland.

Susi läßt sich davon nicht unterkriegen. Neugierig und voller Freude fliegt sie mit ihm in das ehemalige kommunistische Land, das seit dem Fall der Mauer in die gleichen wirtschaftlichen Strudel gestürzt war, wie die einstigen Freunde Rußland und Kuba. Es ist Susis erste Reise nach Afrika. Bisher hatte sie nur darüber gelesen, und im Fernsehen Reportagen gesehen.

Über Hitze lesen ist das eine, die Hitze an den Beinen hochkriechen spüren, etwas ganz anderes. Staub überall und schon vor der Zollkontrolle die ersten Familienmitglieder. Wie Trauben hängen sie an José, alle umarmen sich wild. Susi kommt sich ein wenig fremd vor und hat Zeit, diesem Treiben quasi von außen in Ruhe zuzusehen. Die Mutter, der Vater, Geschwister, Schwager und Schwägerinnen und viele kleine Knirpse toben um sie beide herum. José sagt gar nicht viel. Er umarmt jeden von neuem, ganz fest, schließt dabei die Augen, so als würde er versprechen: Ich gehe jetzt nie mehr weg. Lachend und lärmend zwängt sich die Großfamilie in einen Kleinbus. Es ist nicht weit vom Flughafen zum Haus der Eltern. Dort wird erst mal Susi genauer inspiziert. José erzählt, daß er sie heiraten will. Daß sie vier Kinder hat, geschieden ist und neun Jahre älter. Ohne Kommentar, auch ohne sichtbaren und fühlbaren, werden diese Informationen aufgenommen. Eine Schwägerin von José schenkt Susi gleich zum Willkommen einen afrikanischen Kasack, in den sie sofort hineinschlüpft. Trotz ihrer blonden, dünnen, geraden Haare und trotz ihrer blassen europäischen Haut fühlt sich Susi jetzt näher bei den Menschen hier.

»Wenn ich jetzt ganz ehrlich zurückdenke, dann habe ich die Entscheidung, José zu heiraten, tatsächlich erst in seiner Heimat, in seinem Elternhaus getroffen. Denn daß ich nicht die Traumschwiegertochter war, die den aufstrebenden Juristen da heiratet, das war mir schon klar. Aber nach wenigen Tagen schon hat mich die Herzlichkeit, die Wärme und die Offenheit des afrikanischen Familienlebens total gefangengenommen. Auch José war so ganz anders als bei uns hier. Ich konnte mir mit jedem Tag dort mehr vorstellen, eines Tages dort ganz zu leben. Denn daß José höchstens noch einmal für eine Ausbildung mit nach Deutschland kommen würde, das war klar.«

Susi lernt das Land besser kennen. José oder eine seiner Schwestern, die allesamt eine abgeschlossene Berufsausbildung haben und im Berufsleben stehen, begleiten die junge Deutsche kreuz und quer. Ihr wird klar, daß das Land gut ausgebildete, einsatzfähige Menschen braucht, um wieder eine Zukunft zu haben. Immer deutlicher sieht sie ihr zukünftiges Leben mit José in Angola vor Augen. Und beschließt mit José, ganz alleine und heimlich in seiner Heimat zu heiraten. Aber daraus wird nichts.

Josés Geschwister und Eltern sträuben sich gewaltig. Es gibt nichts anderes für sie, als eine angolanische große Hochzeit. Bei der jeder mal vorbeikommt und geht, ganz wie es ihm gefällt. Bei der drei Tage gefeiert wird – allerdings der zweite und dritte Tag ohne das Brautpaar. Josés Bruder richtet die Hochzeit aus. Einhundert Menschen geben sich die Türe in die Hand. Susi verliert vollkommen den Überblick. Aber es ist ein wunderschönes Fest. Zwanglos, locker, fröhlich und mit viel Musik und Tanz. Irgendwie tut es ihr jetzt leid, daß die Kinder nicht mit dabei sind. Aber sie schickt ein Telegramm nach Hause: »Just married, Susi and José«. Das kommt vollkommen verstümmelt an, denn die Angolaner sprechen kaum Englisch, sondern vor allem Französisch und Portugiesisch. Aber irgendsowas haben sich die Kinder dann schon gedacht bei ihrer Mutter. Und sind nicht allzusehr überrascht.

Es folgt ein bitterer Abschied. Nach der innigen Zeit fliegt Susi erst mal alleine nach Hause. Trotz der Freude auf die Kinder hat sie das Gefühl, einen Teil ihres Herzens in Angola zu lassen. Denn Josés Rückkehr ist nicht sicher. Erst müssen alle Formalitäten geordnet werden. Die Heiratsurkunde vom Notar beglaubigt, beim Standesamt eingereicht, die Ehe registriert. Inzwischen steckt Susi schon wieder voll in ihrem Gleichstellungsjob drin. Stellt fest, daß in ihrer 20000-Seelen-Gemeinde immerhin 30 Frauen mit Afrikanern verheiratet sind und daß insgesamt 560 Ausländer hier leben. Aber irgendwie kommt sie sich selbst verändert vor: »Erst hatte ich Angst, wie alle reagieren würden. Aber da kam nur Positives. Auch von Achim, meinem Ex-Mann. Die Freunde gratulierten und halfen mir, bei all dem Papierkram und Behördenwust.«

Aufgrund der Heirat mit Susi kann José nach sechs Monaten wieder kommen. Er hat jetzt ganz klare Vorstellungen von seiner Zukunft. Nicht mehr Jura, sagt er, wird in Angola gebraucht. Er will Sozialpädagogik, Psychologie und Erziehungswissenschaften studieren. Damit kann er zu Hause viel mehr machen. Das Stipendium von eintausend Mark läuft erfreulicherweise weiter, das restliche Geld zum Leben verdient Susi. José jobbt nebenbei noch nachts, spricht inzwischen fließend Deutsch und kommt überhaupt mit allen in dem kleinen Ort gut zurecht. Susi verliert zunehmend alle Ängste wegen der Ausländerfeindlichkeit: »Ich bin ganz platt, wie der sich angepaßt hat.«
Während Susi auf dem Sofa dies alles erzählt, kommt dann auch José kurz an. Lächelnd, mit einem festen Händedruck, begrüßt er die Fremde. Susis jüngste Tochter

stürmt zur gleichen Zeit herein, will wissen, wo denn die Luftpumpe für ihr Fahrrad sei, und warum ihr die Mutti nicht ein neues Ventil mitgebracht habe. Susi schaut nur zu ihrem Mann hinüber und wortlos versteht er, holt die Luftpumpe vom Schrank und verspricht der Kleinen, aus seinem Rad die Ventile zu nehmen. Der Nachmittag ist gerettet. Und Susi gesteht schließlich: »Die Ehe mit José hat mich total verändert. Positiv. Ich habe lange nicht mehr soviel Druck wie früher. Weil er mir ganz viel abnimmt.«

Wie es weiter geht? Da ist noch alles offen. Viele Prüfungen dazwischen und sicherlich auch ein großer Ablösungsprozeß für Susi, die in spätestens fünf Jahren ganz nach Angola gehen möchte. Für immer. Ohne Rückflugticket. Weil sie das nicht für fair hält. Gegenüber José.

Die Hure und ihr ganz normales Leben

Warum sie auf dem Strich Kohle macht und überhaupt nichts dabei findet

Das ist die Geschichte einer ganz besonderen Frau: Erzieherin, Mutter, Sozialarbeiterin, Studentin mit Examen – und auf der anderen Seite mit ziemlicher Begeisterung Prostituierte. Inzwischen geht sie nicht mehr anschaffen, sondern kümmert sich um Ein- und Aussteigerinnen in diesem Beruf. Festangestellt von einer großen Stadtverwaltung, die erkannt hat, daß man den Huren helfen muß.

Nichts an ihrer Erscheinung erinnert daran, daß Karin S. als Hure arbeitet. Das Klischee von der Frau, die durch exaltiertes Verhalten und auffällige Schminke gleich als »so eine« zu erkennen ist, stimmt offenbar nicht. Karin spricht zurückhaltend, eher zögerlich. Sie läuft 'rum wie eine ältere Studentin, auch Latzhosen könnte man sich gut an ihr vorstellen. Sie schaut mit großen, dunklen Augen freundlich in diese Welt, hält mit der linken Hand den Telefonhörer und macht mit der rechten Notizen. Heute ist Beratungstag bei »Hydra«, dem Treffpunkt und der Beratungsstelle für Prostituierte und ehemalige Prostituierte. Normalerweise kommen zwei Frauen pro Nachmittag in die Berliner Kantstraße, hinauf in den fünften Stock. Karin arbeitet hier seit zwei Jahren.

»Bei uns können sie alle ihre Probleme auspacken, anders eben, als sonst irgendwo auf den Ämtern. Weil hier ja auch Frauen sitzen, die das Gewerbe kennen und wissen, um was es geht. Heute kommt zum Beispiel wieder eine 38jährige Türkin zu mir, die vorher als Lehrerin gearbeitet hat. Da kam dann so ein *burn-out*, und sie wollte sich über den Domina-Bereich informieren. Was erst nach einem längeren Gespräch herauskam. Erst hatte sie so vage Vorstellungen, kam aber nicht gleich 'raus mit der Sprache. Ich habe sie mir dann so angeguckt und sagte dann ganz spontan: Du wärst doch sicher gut im Domina-Bereich. Da sprang sie sofort darauf an und sagte, daß es genau das sei, was sie daran fasziniere. Heute gebe ich ihr eine Liste von Telefonnummern von Frauen, die sich da betätigen, damit sie das mal ausprobieren kann und auch jederzeit sagen kann, das ist nicht mein Ding, und morgen komme ich nicht mehr.«

Karin S. arbeitet mit fünf anderen festangestellten Frauen im Kollektiv. Tips zum Einsteigen, Tips zum Aussteigen, zu Gesundheit und AIDS, Schuldnerberatung, Prozeßbegleitung und Arbeitsbedingungen sind nur einige Punkte in ihrem Katalog. Das Geld dafür kommt vom Berliner Frauensenat und vom Gesundheitsamt. Täglich kommen zwanzig, dreißig Frauen, die Hilfe und Beratung in diesem Gewerbe suchen. Viele wollen auch einfach nur reden, sich den Müll von der Seele laden.

»Aus den neuen Bundesländern kommen viele, die 'rein wollen in diesen Beruf. Aber erst muß ich mal austesten, welche Vorstellungen die überhaupt davon haben. Manche kommen da mit ganz diffusen Vorstellungen. Daß sie zum Beispiel immer so einen aggressiven Umgang mit

Männern haben. Das, sage ich ihnen dann, sind keine guten Voraussetzungen. Für mich heißt es in diesem Beruf, daß man ganz besonders gut mit seiner Sexualität umgehen kann, weil man sonst seelisch vor die Hunde geht. Ich würde keiner Frau raten, in die Prostitution einzusteigen, wenn sie selbst sexuelle Probleme hat und damit nur etwas ausprobieren will. Ich denke, man muß da eine gewisse Kompetenz haben und die eigene Sexualität gut kennen. Denn nach meiner Erfahrung bleibt auch bei einer Prostituierten die eigene Sexualität nicht außen vor, ganz im Gegenteil.«

Eingestiegen ist Karin mit 28 Jahren. Sie hatte damals das Gefühl, schon alles erlebt zu haben. Sexualität war für sie etwas, was andere machen, aber sie nicht mehr interessierte. Erst als sie schon mittendrin steckte, entdeckte sie viel Neues. Und ihre eigene vergrabene Neugierde. Das Ganze dann in Kombination mit wirtschaftlichem Aufstieg. Plötzlich stand ihr Geld zur Verfügung. Sie fühlte sich wie eine Schauspielerin, in vielen Rollen, für ordentlich viel Geld. Für Karin fielen Schranken, und sie probierte Dinge aus, die sie sonst nie gewagt hätte.

»Ich komme aus einem ganz und gar bürgerlichen Elternhaus. Wir wohnten in Tübingen, ich hatte vier Geschwister. Mein Vater war Oberstudiendirektor, die Mutter Krankenschwester, später Arzthelferin. Sie hat noch zwei weitere Berufe ausgeübt: Buchhalterin und Steuerberaterin. Sie hat trotz der Kinder Karriere gemacht, wie man so schön sagt. Sie war so was wie eine Powerfrau, da war es immer schwierig, neben ihr zu bestehen. Als ich dreizehn war, begann die Ehe meiner Eltern zu kriseln. Mein Vater hatte sich in eine Schülerin verliebt, die kam dann auch noch zu uns als Haustochter. Dann wurde sie schwanger, es war ein Drama. Nach fünf, sechs Jahren schmiß meine Mutter den Vater 'raus, ließ sich scheiden. Der Vater heiratete dann die andere Frau. Wir Kinder waren in dieser Zeit zwischen drei und vierzehn Jahre alt.

Nach zwei schwierigen Jahren lernte sie dann sogar noch einen anderen Mann kennen, im Café Käse. Wir Kinder waren sogar der Anlaß, weil wir immer sagten: Mutti, du kannst da jetzt nicht versauern, du mußt was aus deinem Leben machen. Wir haben sie also ins Café Käse geschickt. Dem Mann, den sie dort kennenlernte, traute sie sich nicht zu sagen, daß sie fünf Kinder hatte. Als sie sich dann am zweiten Abend trafen, hat er ihr gestanden, daß er sich in sie verliebt habe und sie heiraten möchte, auch wenn sie fünf Kinder hätte. Daraufhin hat sie ihm gesagt: Ich habe fünf Kinder – und ein Jahr später waren sie verheiratet. Das ist dann sogar noch eine recht glückliche Partnerschaft geworden. Sie hat sich auch mit diesem Mann ganz wunderbar entwickeln können, was sie mit meinem Vater vielleicht gar nicht geschafft hätte.«

Karins Leben verändert sich radikal. Der Vater heiratet die andere Frau, bekommt mit ihr noch einmal fünf Kinder. Die Mutter packt ihre fünf und zieht nach Berlin zur Großmutter. Karin zieht mit ihrer nur um ein Jahr älteren Schwester nach Kreuzberg in eine Wohngemeinschaft. Ein herber Sprung aus dem relativen Wohlbehütetsein in dieses damals bereits recht wilde Viertel. Die Mädchen genießen ihre Freiheit. Und Karin entdeckt, daß sie krank ist.

»Es ging mir damals gar nicht gut. Ich war bulimiekrank, seit meinem dreizehnten Lebensjahr. Das hatte, wenn ich jetzt so darüber nachdenke, etwas mit der Trennung meiner Eltern zu tun. Damals habe ich das energisch bestritten. Aber ich wollte sicher etwas auffüllen, was mir weggenommen worden war. Ich habe mich also zu Tode gefressen. Und mich dann wieder bis zum letzten übergeben. Die Bulimie blieb mir, bis ich in die Prostitution ging. Ich habe quasi eines mit dem anderen abgelöst. Damals kannte diese Krankheit noch kaum einer. Ich dachte, ich sei der einzige Mensch auf der Welt, der daran leidet. So habe ich auch keinem etwas davon erzählt. Auch nicht meiner Schwester.«

Mit der Bulimie macht Karin das Abitur, beginnt Mathematik zu studieren. Sie gerät an Drogen, LSD, Alkohol. Die Mutter sieht das alles aus der Entfernung und greift ein: Karin landet in einer Nervenklinik. Ihr bleibt keine Wahl. Denn die energische Mutter droht mit Entmündigung. Neun Monate in einer geschlossenen Abteilung konnten doch neue Weichen in ihrem Leben stellen, obwohl sie nur mit Medikamenten ruhiggestellt wird. Eine psychotherapeutische Behandlung läuft dort nicht ab.

»Die Mutter hat mit ihrer Entscheidung insofern recht gehabt, als ihr damals nichts Besseres eingefallen ist. Aber erst einmal war ich stocksauer, wütend und empört. Daß ausgerechnet sie mir das angetan hat, das habe ich lange Zeit nicht verwunden. So bin ich nach der Entlassung erst mal in die Schweiz als Au-pair-Mädchen, dann mit dieser amerikanischen Familie in die Staaten. Das war ein Geschenk des Himmels, so weit weg von allen gefährdenden Einflüssen, in dieser netten Familie. Obwohl sich

an meiner Bulimie nichts verändert hat. Die blieb mir, und körperlich habe ich immer mehr abgebaut. Aber die anderen haben nichts bemerkt, das war mir das wichtigste.«
Karin versucht sich, zurück in Deutschland, wieder im normalen Leben. Es gelingt auch nicht schlecht. In ihrem Kopf blieb die Botschaft eines Psychologen hängen, Härte sei angesagt, keinesfalls Gefühle. Fünf Jahre lang.

»Schon als Kind hatte ich ein Faible für schlüpfrige Situationen, ich habe immer alles verschlungen, was damit zusammenhing. Mit 14 Jahren war ich schon nicht mehr unschuldig, und von diesem Moment an war ich so hemmungslos wie beim Essen. Ich bin mit jedem Mann ins Bett gegangen, der mir in die Quere kam. Ich dachte, das sind die Kontakte, die man so pflegt. Ich habe mit Männern nichts anderes getan. Wobei das nicht immer nur angenehme Erlebnisse waren. Als Frau diente man dazu, dem Mann eine kurze sexuelle Befriedigung zu verschaffen. Das hab' ich dann auch immer erfüllt und mir, ganz armselig, damit ein bißchen Nähe erkauft. Mit 20 Jahren kam ich mir dann recht abgegessen vor. Schwanger bin ich Gott sei Dank nie geworden. Ab 14 Jahren schluckte ich die Pille, später nichts mehr, ich denke, daß ich durch die Bulimie nie schwanger werden konnte. So blieben mir also viele Abtreibungen erspart. Heute habe ich ein Kind. Aber das kam erst viel später.«

Das Leben dieser Frau, die heute Huren hilft, hatte noch viele Kurven, Aufstiege und Tiefen parat. Erst einmal wollte Karin SOS-Kinderdorfmutter werden. Drei Jahre arbeitete sie dann in verschiedenen Einrichtungen als Familienhelferin. In Bayern erhielt sie vom Paritätischen

Wohlfahrtsverband dann eine qualifizierte Heimerzieher-Ausbildung und landete in Poona in Indien als Sanyassin. Nicht wegen eines neuen esoterischen Trips, sondern weil sie sich verliebt hatte. In einen Mann, der nach Poona ging. Das Interesse an Baghwan kam erst später dazu. Aber in Indien verschwand Karins Bulimie, sie konnte vollkommen und schlagartig ohne sie leben. Da war es dann nicht mehr so schlimm, daß der Mann, dem sie nachgereist war, einen neuen Weg einschlug: zu sich und seiner weiblichen Seite. Während Karin gerade in Poona ihre harte, männliche entdeckte. Wie fast alle Paare, die gemeinsam nach Indien gereist waren, trennten sich auch diese beiden.

»Zurück in Berlin ging es zwar aufwärts. Ich fand eine Stelle in einem evangelischen Kinderheim, bekam ein gutes Gehalt und wohnte mitten in der Stadt. Aber innen drin tauchte so eine Leere, eine Öde auf. Vor allen Dingen im Gegensatz zu meiner bunten Sanyassin-Welt, in der ich wieder meine eigenen *Gefühle* entdeckt hatte. Die Sexualität lag brach, was mir nicht so viel ausmachte. Aber die Gedärme rumorten noch Jahre, so sieben bis acht, bis sie sich an meinen normalen Lebensstil gewöhnen mochten. Dazu stand ich vor dem Problem: Was will ich denn eigentlich? Weder meine emotionalen noch meine sexuellen Bedürfnisse wurden befriedigt. Da ich schon in jungen Jahren gar nichts anderes gelernt hatte, als daß meine emotionalen Bedürfnisse durch Sexualität erfüllt werden, war es für mich ein relativ naheliegender Gedanke, auf diesem Gebiet etwas zu unternehmen. Meine Verrücktheiten auszuleben, das war für mich nicht neu, also kamen mir auch keine moralischen Bedenken.«

Karin beginnt einschlägige Anzeigen zu studieren. Als eine Frau ein Modell mit Auto und Telefon sucht, ruft sie an. Ihre Karriere als Prostituierte startet. Von Anfang an macht es ihr tierischen Spaß, wie sie sagt. Sie ist ein völlig neuer Mensch, macht Hausbesuche und kommt so in einem Jahr auf über tausend Männer. AIDS ist in dieser Zeit noch kein so gefürchtetes Thema. Sie holt alles nach, was ihr vermeintlich gefehlt hatte. Die Agentur zeigt sich hochzufrieden. Die Vorgesetzten in ihrem ganz normalen Leben weniger. Da fällt sie durch extreme Müdigkeit im Job auf. Bei 9000 Mark monatlich nebenher, »locker«, fällt die Entscheidung nicht schwer, sich ganz ins andere Gewerbe zu begeben. Diszipliniert besucht sie ihre drei Freier pro Tag. Mehr schafft sie nicht, wegen der langen Anfahrten.

»Gerade bei den Hausbesuchen bekommt man ja auch die ganze Lebensgeschichte und die Fotoalben mit. Das ist eine ganz andere Atmosphäre als so im Bordell. Die Sexualität ist da nur ein kleiner Teil. Also drei Freier, das war genug. Von Anfang an hatte ich zudem den Anspruch an mich selber, eine gute Nutte sein zu wollen. Das würde ich heute gar nicht mehr anstreben. Heute würde ich sagen, die Prostituierte hat ihre Grenzen. Auch gute Seiten, aber klare Grenzen. Und vielleicht habe ich auch meine ganz persönlichen Grenzen erreicht.
So im Laufe der Zeit merkte ich, daß Männer nur ganz einfache, simple Bedürfnisse hatten. Sie wollten ganz normalen Sex. Den aber wollte ich ab einem gewissen Punkt nicht mehr. Irgendwann war ich dann auch frustriert darüber, daß ich meine Vorstellungen von Sex gar nicht oder nur sehr schwer mit den Freiern verwirklichen

konnte. Ich habe festgestellt, daß es bei vielen nur darum ging, ihre Einsamkeit zu überbrücken. Vielen älteren Männern sind die Frauen weggestorben. Die brauchten also nur jemanden zum Reden. Andere wollten einfach noch alles nachholen, was sie bisher vermeintlich versäumt hatten. Wobei ich auch, so quasi missionarisch, versuchte ihnen klar zu machen, daß sie lernen sollten, mit ihrer Sexualität anders umzugehen. Das war aber schwierig. Das wollen die gar nicht hören.«

Karin hat mit 120 Mark pro Besuch begonnen, später bekommt sie 300 Mark. 20 Prozent gehen an die Agentur. Im Vorzimmer der Agentur-Chefin bahnt sich eine neue einschneidende Phase ihres Lebens an: Auch wenn sie dort nichts zu tun hat, zieht es sie da hin. Denn dort lungert immer ein Typ herum, dem die Agentur auch zu gehören schien. Die Frau am Telefon macht die Arbeit. Wie genau alles weitere gelaufen ist, ist nur stockend und in Bruchstücken aus Karin herauszubekommen. Fest steht, daß sie sich Hals über Kopf in diesen Mann verliebt hat, und als die andere Frau sich ebenso abrupt von ihm trennt, zieht Karin innerhalb von drei Tagen aus ihrer kleinen Wohnung aus und bei ihm ein. Mit Sack und Pack, und ohne Netz und doppelten Boden. Zugleich übernimmt sie, patent wie sie ist, den Telefondienst der Agentur für Hausbesuche. Es paßt ihr gut in den Kram, denn sie wollte sowieso aufhören. Aber es kommt noch besser: Karin wird schwanger.

»Unfaßlich. Ich habe bei meiner ganzen Prostitutionstätigkeit nicht verhütet, hatte nie einen Eisprung. Die Vorstellung, daß ich von einem Freier hätte schwanger werden können, ließ mich schauern. Also gut, so war es denn. Er saß schon, als ich ihm das sagte, mit dem Kind. Das war dann ganz furchtbar. Er wollte keines. Aber ich wollte. Es wurde dann auch eine sehr, sehr schwierige Partnerschaft, die sich aber doch über sieben Jahre hinzog. Ich machte den Telefonjob in der Agentur weiter, für gutes Geld, das hat uns allen gereicht. Und er konnte wieder so dasitzen, wie eh und je, und nichts tun. Für mich war's in Ordnung. Heute würde ich sagen, er war ein Zuhälter, aber damals habe ich das nicht so gesehen.«

Karin scheint den Streß mit diesem Mann in dieser Zeit zu brauchen. Auch wenn sie schier wahnsinnig wird, daß er einfach gar nichts macht. Andererseits genießt sie es, daß da einer ist, der für sie Zeit hat, wenn sie will. Der die Glühbirnen 'reinschraubt und ihr ein Gefühl von Zuverlässigkeit und Sicherheit gibt. So eine kleine Familie, die sie sich immer gewünscht hat. Auf seine Art und Weise fand »der Mann«, wie sie ihn immer nur nennt, einen guten Kontakt zu dem inzwischen geborenen Sohn. Wenn die Mutter sich auch auf den Handel einließ, seinen Namen nicht als Kindsvater bei der Geburt anzugeben. Doch Karin will aus dem Mann auch einen richtigen Vater machen. Arbeitsam, fleißig, und so weiter. Aber das hat nicht geklappt. Das war dann der Streß, den die beiden immer hatten. Finanziell geht es ihnen gut. Karin ist geschäftstüchtig, kümmert sich um die Agentur und macht bis zum dritten Geburtstag ihres Sohnes auch keine Hausbesuche mehr. Aber dann bekommt sie doch wieder Lust.

»Die Frauen in der Agentur waren oft unzuverlässig, und ich hatte viel Ärger mit denen. Also zog ich selbst wieder los. Mein Freund war strikt dagegen, für mich, meinte er, sei das nicht okay. Für die anderen Frauen schon, das waren ja nicht seine. Also bin ich heimlich losgezogen. Er ist mir aber schnell auf die Schliche gekommen und tat furchtbar gekränkt in seiner Eitelkeit. Aber ich war selbstbewußt genug und habe nicht mehr aufgehört. Da war ich dann 36 Jahre alt. Angst hatte ich weder vorher noch jetzt bei meinen Touren. Eher wilde Phantasien. Im Kopf, wie in einem Film. Außerdem machte ich in meinem Leben immer die Erfahrung, daß mir keiner was tut. Das klingt jetzt überheblich, ist aber so. Das habe ich immer wieder erlebt. Ich denke, daß ich in gefährlichen Situationen eine Aura um mich herum verbreite, so daß sich kein Mann an mich herantraut. Zehn Jahre Hausbesuche - und nie ist was passiert. Einmal war da einer, der wollte mich angehen. Aber auch der hat mich dann schließlich doch noch losgelassen, weil ich ihn furchtbar angeschrien habe. Danach habe ich erfahren, daß der schon mehrere umgebracht hatte, und 17 Jahre im Knast abgesessen hatte. Überhaupt habe ich den Eindruck, daß die Männer bei mir, wenn ich einen guten Tag habe, eher zu kleinen Kindern werden.«

Aber Karin hat noch ganz andere Träume und Vorstellungen von ihrem Leben. Ihr damals abgebrochenes Studium hängt ihr nach. Sie will wieder an die Universität. Nur zwei Monate später ist sie in der Fachhochschule für Sozialpädagogik eingeschrieben. Ihr Geld verdient sie sich weiter durch Hausbesuche. In einer Frauengruppe mit dem beziehungsreichen Titel »Frauen, die zu sehr lieben«, geht es ihr richtig gut. Der Streß mit dem Kindsvater geht ihr nicht mehr unter die Haut. In dieser Zeit verliebt sie sich in einen anderen Mann. Der Vater ihres

Kindes packt innerhalb von zwölf Stunden seine Siebensachen und geht. So hat sich das Karin zwar dann auch nicht vorgestellt, aber nun denn ... Sie fällt in ein tiefes Loch, trotz der neuen Liebe. Ein Jahr lang quält sie das Gefühl, verlassen worden zu sein. In der Wohnung läßt sie alles so, wie es war. Oft hat sie den Eindruck, er kommt jederzeit wieder. Ihre größte Panik damals ist, daß in der Wohnung etwas kaputt geht. Denn das hat ja er immer alles repariert. Mit dem neuen Mann zieht sie nicht zusammen. Sie ist erstmals in ihren Gefühlen autark. Nicht abhängig davon, ob es ihr und dem Mann in ihrer Beziehung gutgeht oder nicht. Ihre Freiheit und ihr Alleinsein beginnen ihr Freude zu bereiten. Allein ohne Mann – der Sohn ist ihr geblieben.

»Große Reichtümer besaß ich nie. Mit dem vielen Geld in den ersten Jahren meiner Hausbesuche habe ich mir am Anfang alles geleistet, was ich nie im Leben gehabt hatte. Als ich dann das Studium fertig hatte, habe ich auch mit der Prostitution aufgehört und mir wieder billige Jeans gekauft. Geht auch. Jetzt wird gespart und eine Lebensversicherung abgeschlossen. Meine Diplomarbeit war dann das wichtigste in meinem kleinen Leben. Ich schrieb über Hypnotherapie und Migräne. Mit der hatte ich ja ein Leben lang zu kämpfen. Nur nicht während meiner Schwangerschaft. Teilweise hatte ich Anfälle, die überhaupt nicht mehr aufhörten. Vor allem in Zeiten, in denen bei mir Entscheidungen anstanden. Da gab es dann bei mir im Kopf und in der Halswirbelsäule Verkrampfungen, die nicht mehr allein aufzulösen waren. Das ist jetzt vorbei. Oft ganz schlagartig, wenn ich mich an den Schreibtisch setze, um an meiner Arbeit zu schreiben.«

Mit ihren Eltern verbindet Karin inzwischen wieder viel Nähe. Der Vater ist zum dritten Mal verheiratet, nachdem ihn die zweite Frau mit den weiteren fünf Kindern vor die Türe gesetzt hatte. Karins Mutter sieht zum einen, daß ihre zweitälteste Tochter Dinge verwirklicht, die sie nie tun konnte. Deshalb unterstützt sie Karin auch immer. Nimmt zwei Tage pro Woche den Sohn, der gerne zu ihr geht. Karins Leben als Prostituierte akzeptiert sie nur sehr schwer. Mutter und Tochter reden darüber nie. Die Mutter liest allerdings alles über Prostitution, was sie in die Finger bekommen kann. Vieles an diesem Gewerbe erscheint ihr in Verbindung mit ihrem Kind sehr rätselhaft. So geht es auch dem neuen Mann in Karins Leben.

»Er hat mit dieser Szene überhaupt nichts zu tun. Ganz am Anfang habe ich ihm so einiges erzählt, das fand er noch aufregend und interessant. Aber nach einer gewissen Zeit, als auch die Besitzansprüche aufkamen, begannen die Schwierigkeiten. Da wurde es ganz herbe. Ich habe mich zum Beispiel nie in einen Freier verliebt, das kam gar nicht vor. Das habe ich versucht, ihm 'rüberzubringen, aber es war sinnlos, das konnte ich mir sparen. Irgendwann hat er dann versucht, damit zu leben. Aber in seinem Kopf hat meine Prostitutionstätigkeit auch etwas bewegt. Das ist mir klar geworden, als ich gar keine Hausbesuche mehr machte. Da bin ich nämlich für ihn plötzlich vollkommen uninteressant geworden. Dem bin ich dann nachgegangen und dabei kam heraus, daß ihn die Frau mit ihren Hausbesuchen doch ganz schön erregt hat. Eben im Kopf. Die andere, die ganz normale, die hat das nicht geschafft.«

Inzwischen ist das mit dem Anschaffen, mit den Hausbesuchen bei Karin ganz vorbei. Sie arbeitet als eine der fünf festangestellten Hydra-Mitarbeiterinnen. Mit einem festen monatlichen Gehalt auf dem Konto. Jetzt beschäftigen sie viel mehr die einzelnen Frauen aus der Szene, ihre Schicksale, aber auch die vertrackte gesetzliche Situation. Steuern dürfen die rund 400000 Prostituierten in Deutschland zahlen – aber aus der gesetzlichen Sozialversicherung und aus der Kranken- und Arbeitslosenversicherung sind sie ausgeschlossen. Weil Prostitution aufgrund der Sittenwidrigkeit nicht als normale Dienstleistung anerkannt ist. Die Hydra-Frauen konnten potente Unterstützung aktivieren: die Bundestagsfraktion der Grünen und engagierte Juristinnen. Außerdem gibt es jetzt zwölf weitere Organisationen, die Prostituierte in ihrem Kampf um mehr soziale Gerechtigkeit unterstützen.
Karin setzt sich zur Zeit für Sigrid (34 Jahre) ein. Sie hatte viele Jahre in einer Bar faktisch in einem abhängigen Arbeitsverhältnis gearbeitet. Aber da bis jetzt kein Arbeitsvertrag zwischen einer Bordellbesitzerin und einer Prostituierten geschlossen werden darf, können auch keine Beiträge in die Arbeitslosenversicherung eingezahlt werden. Sigrid möchte nun aussteigen und mit einer beruflichen Umschulung ein neues Leben beginnen. Damit nun aber das Arbeitsamt die Umschulung zahlt, muß sie unterschiedlich lange Zeiten von sozialversicherungspflichtigen Tätigkeiten nachweisen. Zum Beispiel auch Hausfrauenzeiten. Bisher aber erkennen die meisten Arbeitsämter diese Tätigkeit nicht als berufliche im Sinne des Arbeitsförderungsgesetzes an. Wohl aber Hausfrauen- und Erziehungszeiten, Zeiten im Knast, als Selbständige oder als Au-pair-Mädchen. Damit entfällt für die meisten

Frauen eine Umschulung durch das Arbeitsamt. Hier setzt Karin mit den anderen Hydra-Frauen an. Einiges haben sie schon erreicht: Aussteigerinnen können anonym, nur über einzelne Kontaktpersonen bei den Arbeitsämtern Bundessozialhilfe-Stellen bekommen. Und: Wenn Prostituierte Sozialhilfe beantragen, werden die Verwandten nicht benachrichtigt. 150 Frauen sind, seit Karin bei Hydra arbeitet, so schon aus der Prostitution ausgestiegen. Die Quote der Rückkehrerinnen beträgt sieben Prozent. Darauf sind die fünf Frauen stolz. Aber es gibt auch immer wieder Ärger:

»Unser Geld kommt ja vom Senat. Als wir Frauen jetzt eine eigene Bordell GmbH gründen wollten, damit die Frauen, die dafür arbeiten, auch versichert sind, gab es riesige Aufstände. Denn das verstößt gegen das Zuhältergesetz. Die Vorstellung, daß die Zeitungen unter der Schlagzeile ›Senat finanziert Bordell‹ berichten könnten, hat ihnen doch große Angst gemacht. Also wurde daraus nichts. Auch hat uns alle die Frage, ob die Mitarbeiterinnen hier noch nebenbei in ihrem ursprünglichen Beruf arbeiten dürfen, sehr beschäftigt. Das ist jetzt durch, da haben die aber auch ziemlich geschluckt. Noch mehr über unsere sogenannte ›Einstiegsberatung‹. Ich gebe zu, das Wort ist nicht gut gewählt. Aber wir wollen hier ja auch viele Frauen – gerade aus den Neuen Bundesländern – über die Risiken und Gefahren beraten. Viele Frauen kommen zu uns und sind sich ganz sicher, daß sie diesen Weg gehen wollen. Davon können wir sie gar nicht abbringen.«

Bei Karin geht den ganzen Tag das Telefon. Manchmal hält sie sich mit der Hand ein Ohr, um es zu kühlen, wie sie sagt. Aber sie ist glücklich über ihren neuen Weg, darüber, daß sie gebraucht wird und helfen kann. Besonders freut sie sich auf zwei Abende pro Woche, die ihr ganz allein gehören. Da bleibt der Sohn bei der Großmutter, und Karin geht in ein Fitneß-Studio. Süchtig sei sie schon richtig darauf. Dann gibt es immer noch einen von früher, aus ihrem alten Leben. Sie nennt ihn den »Stammkunden«. Er bepflanzt ihren Balkon, macht ihr Weihnachtsgeschenke, und wenn sie zusammen schlafen, dann legt er sein Geld auf die Anrichte. Da gäbe es gar keine Diskussionen, erzählt Karin. Und ihre Zukunft zeige sich – zum ersten Mal – in einer guten Perspektive.

Wunden

Von einer, die nicht nachgeben will

Der Memminger Hexenprozeß ist für Magdalena F. nicht ausgestanden

Abtreibungsdiskussion und kein Ende in diesem Land. Nach dem Memminger Hexenprozeß Debatten im Bundestag und ein knapper Entscheid für eine Fristenlösung mit Beratungspflicht. Dem wollten sich wieder vor allem die rechten Parteien nicht fügen und marschierten zum Bundesverfassungsgericht nach Karlsruhe. Das, nach monatelanger Denkpause, tatsächlich die Fristenlösung mit Beratungspflicht in den ersten drei Monaten verkündet. In Irland votiert das Volk knapp gegen die Freigabe der Abtreibung, in Polen passiert das Verbot der Abtreibung auch bei Vergewaltigung in auffälliger Schnelle das Parlament. Trotz vehementer Frauenproteste, die bisher mit einer Fristenlösung gut zurecht kamen in einem Land, in dem es kaum Verhütungsmittel gibt. In ganz Europa reduzieren Männer drastisch die Rechte der Frauen auf eine freie Entscheidung zum Kind. Eine, die nicht aufgeben mag, darum zu kämpfen, ist Magdalena F.

Magdalena F.
Ihre Wangen sind hochrot, die eine Hand hat sie zur Faust geballt, aber dem Richter antwortet die 1 Meter 57 große Frau selbstbewußt und für alle im Gerichtssaal verständlich: »Ich bin nicht der Mensch, der so etwas tun kann. Da würde ich ein Leben lang drunter leiden. Wenn ich ein Kind zur Welt bringe, dann will ich es auch behalten. Aber damals konnte ich das nicht.«

Die damals 28jährige Schwäbin Magdalena F. ist die meistzitierte Angeklagte im sogenannten Memminger Hexenprozeß der Jahre 1987 bis 1989. Immer wieder sind da – wie sie – die 279 Frauen und 78 Ehemänner, Freunde und Bekannte gefragt worden, warum statt einer Abtreibung nicht die Adoption eine Lösung gewesen wäre. Magdalena F. spricht es für sich und Millionen anderer Frauen aus:

»Ich weiß es noch so gut – wenn ich mich nur daran erinnere, steigt mir wieder das Blut in den Kopf. Bei der Adoptionsfrage konnte ich ja noch ganz ruhig antworten. Als der Richter dann aber den Kopf geschüttelt hat und mir entgegenschleuderte, daß ich statt der Adoption das Kind dann lieber umgebracht hätte, da war ich fertig. So ein Mannsbild wird eben nie verstehen, was in einer Frau abläuft, wie sie fühlt. Ich bin dann ja verurteilt worden. Aber ich habe auch gewußt, daß das kein Urteil gegen mich allein war, sondern ein Urteil von oben.«

Ordentlich wie die ehemalige Jurastudentin ist, hat sie alle Akten, Anklageschriften, Kopien, Anwaltsbriefe und Rechnungen abgeheftet. Unter dem Aktenzeichen Cs 23 Js 3746 / 87 heißt es in der Urteilsbegründung: »Die Angeklagte hat in der Hauptverhandlung nicht überzeugend darzulegen vermocht, warum beispielsweise eine Freigabe des ausgetragenen und zur Welt gebrachten Kindes zur Adoption nicht ein möglicher Ausweg hätte sein können.«

Alle in der ersten Instanz wegen illegaler Abtreibung und hierzu geleisteter Beihilfe verurteilten Frauen und Männer schlucken das Urteil, zahlen und schweigen. Nur Magdalena F. kommt damit nicht zurecht. Es widerspricht ihrem tief verwurzelten Gerechtigkeitssinn. Gegen Urteil und Geldstrafe von 30 Tagessätzen zu je 30 Mark läßt sie von ihrer Anwältin Berufung einlegen. Sie fühlt sich stark wie nie. Zum zweiten Mal schwanger mit einem Wunschkind, ist ihr Bild mit dem erstgeborenen 5jährigen Christopher in allen Blättern zu sehen. Wer schließlich könnte besser vor dem Richter das Recht der Frauen auf ihren eigenen Bauch vertreten als eine Schwangere mit Kind?

»Ich finde, daß nur wir Frauen beurteilen können, welche Chancen ein Kind im Leben hat. Wir kümmern uns doch ein Leben lang drum, wenn wir das nicht packen, dann geht es doch überhaupt nicht. Es ist schwachsinnig, wenn mir der Arzt eine Absolution zur Abtreibung gibt. Das ist auch immer eine stark emotionale Entscheidung. Da geh' ich zum Arzt, der bescheinigt mir die soziale Indikation, und alles ist okay – das ist doch grotesk. Beim Christopher, meinem ersten, da hab' ich ja die Indikation bekommen, drum kann ich auch gut streiten, damit müssen sich die Richter auseinandersetzen. Aber als ich die Indikation hatte, hab' ich kurz vor dem Termin beim Arzt doch noch entschieden, das Kind zu bekommen. Die soziale Beratungsbescheinigung hab' ich weggeschmissen.«

Das hat fatale Folgen für Magdalena F. Später. Denn neben der Beraterin im staatlichen Gesundheitsamt, die das Gespräch bescheinigt, unterschreibt ihr auch ihr Frauenarzt eine Notlagenindikation bei beiden Schwangerschaften. Sein Name: Dr. Horst Theissen. Ein Mann, das wird ihm sogar vom Gericht später attestiert, der den Frauen zuhört, ihnen Mut macht und das Gefühl gibt, für ihre

Probleme Verständnis zu haben. Er begeht aber zwei gravierende Fehler: Zum einen versucht er, das Finanzamt zu betrügen, indem er seine Einkünfte aus Abbrüchen nicht angibt. Zum anderen hält er die gesetzlichen Vorschriften nicht ein. Bei den ihm zur Last gelegten Fällen hat nur Dr. Theissen allein die Notlage attestiert – keine zweite vom Gesetz vorgeschriebene unabhängige Stelle. Darum auch das harte Urteil wegen illegalen Abbruchs der Schwangerschaft zu zwei Jahren und sechs Monaten Freiheitsstrafe und drei Jahren Berufsverbot.

Der Schlußpunkt unter ein Drama, das vor allem die Frauen trifft. Manche besonders kraß. Magdalenas ausgetragene Kinder sind längst schulpflichtig – die Folgen des Memminger Prozesses aber immer noch täglich präsent.

»Aber das scheint auch irgendwie mein Schicksal zu sein. Das ganze Leben lang hab' ich kämpfen müssen. Ich kann nicht nachlassen, haben sie daheim immer von mir gesagt. Obwohl ich Waage vom Sternzeichen her bin. Ich war das fünfte von acht Kindern.

›Len‹ haben die Eltern zu mir gesagt. Der Vater hat als Bäckergeselle gearbeitet, später als Fernfahrer, da hat er besser verdient. Wir haben in einer kleinen Wohnung im Haus der Urgroßeltern gewohnt. Fünf Kinder – ein Zimmer. Da war was los. Genau sechs Jahre war ich dann alt, als die Eltern mit uns allen in ein richtiges Haus zogen. In ein eigenes! Daheim hab' ich dann eher die Bubenrolle übernommen. Der Haushalt war mir wurst, ich war lieber draußen auf dem Feld.«

Frage: Welches Frauenbild hat denn Ihre Mutter vorgelegt, haben Sie sich damit identifizieren können?

»Die Mutter ist ein absolut fürsorglicher Typ, die zerreißt sich für einen. Obwohl sie auf der anderen Seite auch kämpfen kann. Mit dem Vater streitet die Mutter zwar um Arbeitsteilung – aber das hat keine Konsequenzen. Der weiß das auch. Tellerwaschen würde der nie. Gegen den Paragraphen 218 war sie schon immer. Sie war deswegen auch im Fernsehen, ist extra nach München gefahren. Es war ihr Traum, was zu bewegen, in der Politik oder so, da kann sie total aktiv werden. Zum Beispiel sollten wir einmal größere Mülltonnen bekommen, und natürlich auch mehr zahlen. Da hat sie diskutiert und gekämpft, schließlich haben wir eine Landwirtschaft und haben viel weniger Abfälle als ein ganz normaler Haushalt. Wir haben einen Komposthaufen und Tiere, die wir mit den Abfällen füttern können. Sie hat dann erreicht, daß wir kleine Tonnen bekommen haben. Aber mit dem Vater – also, der weiß, die Mutter redet, aber es hat keine Konsequenzen. Sie meint, sie muß bei ihm bleiben.«

Magdalena F. will darum auch vieles anders in ihrem Leben angehen. Vor Gericht muß sie dies dann auch alles berichten. Nichts noch so Privates, Intimes wird ihr erspart. Wie das war, in ihrem ersten Urlaub mit ihrem Freund in Mexico. Wer wie verhütet hat und warum sie schwanger geworden ist. Warum der Lebensgefährte nach der Geburt von Christopher trinkt und raucht, warum er Sprachschwierigkeiten hat. Und warum 1700 Mark netto für sie drei in der gemeinsamen Wohnung weder hinten noch vorne ausreichen. Denn deshalb kommt die junge Frau auf eine später verhängnisvolle Idee:

»Ich hab gedacht, mit einem Laden, zum Beispiel einem Naturkostgeschäft, da kann ich zum einen den Christopher immer bei mir haben und zum anderen meinen Lebensunterhalt verdienen. Ich wollte ja auch noch ein Kind, weil ich meinem Sohn das Aufwachsen als Einzelkind ersparen wollte. So bin ich von Pontius zu Pilatus gelaufen um Kredite. Die Eltern waren bereit zu einer Bankbürgschaft. Es ließ sich alles gut an – ich hab' den Laden eingerichtet, alles selber gemacht, den Wareneinkauf beim Großhändler, den Verkauf, die Kalkulation, die Buchhaltung, unseren kleinen Haushalt. Aber irgendwie kam kein Geld in die Kasse. Ich war anscheinend hinten und vorn überfordert, mit dem kleinen Kind und dem Laden. Und als ich nur einen einzigen Tag über den Termin meiner Periode lag, da war mir klar: Du bist wieder schwanger. Obwohl ich doch sicher verhütet hatte!«

Die Situation der Magdalena F. scheint ausweglos. Mit einem zweiten Kind kann sie den Laden schon gar nicht aus den roten Zahlen bringen, die Zinsen für den Kredit zahlen, geschweige denn tilgen. Der Lebensgefährte lehnt das zweite Kind völlig ab. Er hat noch genug mit sich selbst zu tun. Magdalena entsinnt sich des Dr. Theissen und der ihr schon einmal zugestandenen sozialen Notlage. Ein zweites Mal, so ihr Gedankenweg, muß sie ja nicht wieder zur Beratungsstelle, da reicht der Arztbesuch.

Ein fataler Fehler. Dr. Theissen unterbricht die Schwangerschaft innerhalb der ersten drei Monate und vermerkt auf seiner Patientenkarte »soziale Notlage«. Jene Karte, die Magdalena F. dann auch vor den Kadi bringt.

Ein Problem scheint für Magdalena beseitigt. Aber die Banken drängen auf Zins und Tilgung. Der Lebensgefährte wird immer unerreichbarer, und die beiden schlafen schon kaum noch miteinander. Magdalena packt den Sohn und zieht aus.

»Ich bin erst mal in 'ne Frauen-WG. Mit Frauen ist es mir immer gutgegangen. Wir können eher bei uns sein als die Männer. Dieses Bedürfnis nach Zärtlichkeit und Liebe können wir ausleben. Das scheint den Männern durch die Gesellschaft nicht erlaubt zu sein. Ich merke halt immer, daß ich zu Frauen einen besseren Bezug habe. Ich hab' das Gefühl, daß mehr 'rüberkommt. Das ist mit Männern viel schwieriger.«

Frage: Was haben Sie mit den Frauen bereden können, was mit Ihrem Partner nicht mehr möglich war?

»Einfach alles. Wir haben nächtelang diskutiert, und ich hab' auch oft geheult, auch über die Abtreibung. Mir war klar, daß diese Entscheidung nur etwas mit meiner schwierigen Lebenssituation zu tun hatte, nicht mit einer grundsätzlichen Ablehnung von Kindern. Wir haben auch über Verhütungsmethoden geredet. Aber mein Sexualleben war so zurückhaltend, daß sich die Pille nicht rentiert hätte. Die kam für mich nicht in Frage. Die Spirale auch nicht, die hatte ich mal, bekam dann aber unerträglich starke Blutungen. Nur dafür, daß ich immer bereit bin, sehe ich es nicht ein. Und bei der Pille hab' ich keine Lust gehabt. Ich denk', ich habe immer einen ziemlich guten Bezug zu meinem Körper gehabt. Ich kenne meinen Zyklus sehr genau. Das geht soweit, daß ich es spüre, wenn ich den Eisprung habe, und dann finde ich in dieser Zeit Männer schöner als sonst. Meinen Partner finde ich in dieser Zeit immer ganz toll.«

Aber nach der Geburt des zweiten Kindes muß Magdalena erst einmal ihren geliebten Bioladen verpachten. Sie sitzt auf einem Berg Schulden, die Bank und das Sozialamt erarbeiten einen Rückzahlungsplan. Unterm Strich bleiben ihr rund 500 DM für sich und das Kind. Im Verborgenen mahlen derweil schon die Mühlen der Justiz. Die erste Ladung flattert ins Haus, das Amtsgericht Memmingen verurteilt die junge Frau darauf im April 1988. Doch die Berufung, in die sie als einzige zu gehen wagt, geht gut aus. Acht Monate später hebt das Landgericht Memmingen das Urteil des Amtsgerichtes auf und spricht die Angeklagte frei. Die Verhandlung bleibt ihr in besonderer Erinnerung:

»Ich wollte ja nie, daß mein Christopher alleine aufwächst. Als sich das mit dem Bioladen als Flop erwies, wollte ich doch noch ein zweites Kind. Ich bin ja inzwischen zu meinen Eltern gezogen und hatte wieder ein wenig Boden unter den Füßen. Jetzt ist der Philip vor der zweiten Verhandlung auf die Welt gekommen, und ich habe beide Kinder lange gestillt. Der Richter im Berufungsverfahren war unheimlich menschlich. Er hat für mich die Verhandlungspausen immer so gelegt, daß ich den Buben gut stillen konnte. Einmal, beim ersten Mal, hat er mich sogar höchstpersönlich in so einen Raum gebracht, wo wir beide unsere Ruhe hatten. Mei, war ich happy, als der mich auch noch freigesprochen hat. Fassungslos habe ich dann den Staatsanwalt angeschaut, als der auf alle Fälle Revision angekündigt hat. Da war mir schon klar, was das bedeutet: entweder weiter zu einem höheren Gericht, das wäre das Bayerische Oberste, oder wieder zurück ans Amtsgericht nach Memmingen. Auf alle Fälle wußte ich: Das kostet wieder wahnsinnig viele Nerven – und Geld.«

Frage: Wie haben eigentlich Ihre Eltern und Geschwister auf die Prozesse und den Presserummel um Sie herum reagiert?

»Da habe ich volle Rückendeckung erhalten. Von meinem ersten Kreuzzug haben sie ja noch gar nichts gewußt. Bis dann eines Tages eine Schwester von mir mit dem ›Stern‹ und dem großen Bild von mir, Christopher und meinem dicken Bauch zu Hause aufgetaucht ist. Das war überhaupt total gut und auch überraschend für mich, wie die Familie hinter mir gestanden ist und steht. Denn wir leben ja mitten auf dem Land, und da war ich ja immer so ein wenig die Exotin. Jetzt auch noch das – das war schon hammerartig für die.«

Inzwischen kann sie den Bioladen verpachten, für ganze 220 Mark im Monat. Das deckt nicht ansatzweise die Zinsen und die Tilgung des Kredites. Der Lebensgefährte, den es immer noch in Magdalenas Leben gibt, kümmert sich jetzt auch immer wieder mal um die beiden Kinder. Zuweilen bleiben sie ein ganzes Wochenende bei ihm. Dann kann Magdalena etwas für sich tun. Zum Beispiel in einer Re-Birthing-Gruppe ihre Traumata aufarbeiten oder beim Meditieren ihre Mitte finden. Damit ihr die Kraft nicht ausgeht. Denn der Kampf scheint noch längst nicht vorbei.

»Es stößt schon bitter auf, wenn ich ständig mit dem Sozialamt raufen muß nur um den einfachen Regelsatz. Vor allem, wo doch bei der ersten Verurteilung der Richter so locker meinte, ich hätte wirklich nicht abtreiben müssen damals. Denn mir wäre doch der dreifache Sozialhilfesatz zugestanden. Wie das gegangen wäre, hat mir leider noch keiner erklären können. Überhaupt nerven mich die beim Sozialamt. Die haben mir das Geld jetzt nur auf kurze Dauer zugebilligt. Seitdem muß ich da ständig hin und immer wieder neue Bescheinigungen und sonstige Schriebe anbringen. Der Regelsatz ist derart niedrig, daß ich wegen aller Extras Anträge stellen muß.«

Während Magdalena im Alltag kämpft, wühlen Justizbeamte still, aber beständig weiter. Die Revision des Staatsanwaltes steht zur Verhandlung. Im Namen des Volkes und öffentlich.

Zwei Jahre nach dem Freispruch platzt eine erneute Bombe: Das Bayerische Oberste Landesgericht gibt der Revision recht und verweist den ganzen Fall zu neuer Verhandlung und Entscheidung zurück an eine andere Strafkammer des Landgerichts Memmingen. Auf 34 Seiten begründet der Vorsitzende Richter, warum er den Freispruch aufhebt.

Bei dieser neuen Verhandlung muß der ganze Fall auch neu recherchiert werden. Das heißt: mühevolle erneute Vernehmung aller Zeugen, vom Kreditsachbearbeiter über die Eltern, Geschwister, Freunde, Lehrer, Ärzte, Sozialarbeiter und der Magdalena F.

»Ich hab' das erst gar nicht verstanden, so kompliziert juristisch ist die ganze Revisionsbegründung geschrieben gewesen. Und was meine Anwältin auch erst nach der Urteilsverkündung herausbekommen hat: Der Richter ist zugleich Vorsitzender des Zentralkomitees der Katholiken in Bayern. Er hat auch die Erklärung des Landeskomitees im Juli 1989 zu Memmingen verfaßt. Daß der einen Freispruch bei einer Abtreibung schon wegen seines Glaubens nicht gutheißen kann, ist doch klar.«

Frage: Auf dem bayerischen Land aufgewachsen, war Ihnen doch der katholische Glaube sicher sehr nahe. Wie sind Sie da in Ihrem Innern mit der Abtreibung fertig geworden?

»Mein Dorf war ein Wallfahrtsort. Mit einem riesigen Gotteshaus – das wirft lange Schatten, glauben Sie mir. Ich bin als Kind freiwillig in die Kirche gegangen, ohne Druck der Eltern. Denen war das ziemlich wurst. Im Gegensatz zu meiner damaligen Busenfreundin habe ich immer sehr genau im Gottesdienst zugehört. Der Pfarrer hat ein schlimmes Betteldasein geführt. Vorne sind immer die Honoratioren der Gemeinde gewesen. Die bekamen immer ganz lange Hälse, wenn der Pfarrer die Spender vorgelesen hat. Ich hab' sie immer genau erkannt. Die Kirche war auch sowas wie eine Modenschau. Mir war klar, das kann Gott nicht wollen. Den ganzen Reichtum in der katholischen Kirche, diese Verlogenheit. Ich hab' mir auch die Pillenenzyklika 'reingezogen, da wird einem richtig schlecht. Wenn wir Frauen in der Kirche was zu sagen hätten, wäre vieles anders, besser. Ich jedenfalls bin ausgetreten.«

Frage: Noch einmal: Hat Sie der Abbruch belastet, psychisch?

»Nein, das macht doch bloß das soziale Umfeld. Das schlechte Gewissen, an dem ist die katholische Kirche maßgeblich beteiligt. Mir war doch das wichtigste, als mir klar war, daß ich das Kind keinesfalls würde bekommen können, daß ich nicht drei Tage in ein Krankenhaus muß, sondern daß das an einem Nachmittag geht. Wo hätte ich denn Christopher untergebracht? Dr. Theissen hat mit mir darüber geredet und hat mir überhaupt keinen Druck gemacht. Bei dem habe ich gut alles annehmen können. Und in bezug auf den Lieben Gott, da gibt es meiner Meinung nach Mittel und Wege, mit ihm ins reine zu kommen.«

Der Kreuzzug der Magdalena F. – ein Beispiel und sicherlich eines der schlimmsten, für das, was Frauen im ausgehenden 20. Jahrhundert widerfährt, wenn sie sich außerstande sehen, einem Kind in ihrem Leben eine reelle Chance einzuräumen. Ein Kampf um Selbstbestimmung und das Recht am eigenen Bauch, der seit dem Mittelalter tobt. Damals hatte die Kirche während der Inquisition die »weisen Frauen«, die Hexen, an den Pranger gestellt. Denn sie wußten um Empfängnis und Verhütung, um Geburt und Tod. Ein Wissen, das ihnen dann die der Schrift mächtigen Männer abluchsten, es verändert und verengt niederschrieben und Frauen aus der Geburtshilfe verdrängten.

Laut Paragraph 218 unseres Gesetzbuches ist seit 1871 Abtreibung illegal und strafbar. Erst 1969 haben die Politiker diesen Absatz zumindest reformiert – auf massiven Druck der Frauen. Im ›Stern‹ erklärten Hunderte prominenter

Frauen: »Ich habe abgetrieben.« Daraufhin einigten sich die Parteien im Bundestag nach härtesten Diskussionen auf die Zulassung der sozialen Indikation neben der medizinischen und der eugenischen. Immer vehementer erklärten Frauen, daß keine von ihnen leichtfertig abtreiben würde, das sei eine Unterstellung der Männer. Wissenschaftliche Untersuchungen bestätigten, daß Frauen, die sich zu der Entscheidung durchringen, immer einen Weg finden, das Kind nicht zu bekommen. Jahrzehntelang wird eine Untersuchung vom Bundesgesundheitsministerium des Professors Amendt der Öffentlichkeit vorenthalten. Danach haben es sogenannte ungewollte Kinder »sehr viel schwerer im Leben, sie werden häufiger Opfer von Gewalt und Aggressionen der Eltern. Sind selbst aggressiver und nehmen sich häufiger das Leben«.

1993 ist das erste Jahr mit dem neuen Abtreibungsgesetz, das aufgrund des Einigungsvertrages von 1990 verabschiedet wurde und in dem die Politiker des Westens die Neufassung des Paragraphen 218 einfach auf Ende 1992 vertagt hatten. Denn in den fünf neuen Bundesländern konnten Frauen nach einer Fristenlösung ihre Schwangerschaft beenden. Diese Lösung wollten auch die Frauen des Westens über die Köpfe der männlichen Politiker hinweg übernehmen.

Aber die Verfassungsrichter setzten nach monatelangen Verhandlungen auf die Fristenlösung mit einer sehr streng gefaßten Beratungspflicht. Auch soll die Frau den Schwangerschaftsabbruch jetzt aus eigener Tasche bezahlen – und nicht mehr ihre Krankenkasse.

Der Memminger Hexenprozeß und die Prozesse gegen Magdalena F. fanden also genau zum richtigen Zeitpunkt statt: im Vorfeld einer neuen Gesetzgebung.

»Im übrigen wäre es gut, wenn Männer, soweit sie im Rechtsstaat dazu berufen sind, besonders behutsam über die Lage von Frauen urteilten.« (Richard von Weizsäcker, Bundespräsident, zum 40. Jahrestag des Grundgesetzes am 24. Mai 1989 in Bonn.)

Es war auch das Jahr von Magdalenas Freispruch in der zweiten Instanz. All ihre Richter danach scheinen des Präsidenten Worte nicht zur Kenntnis genommen zu haben. Grundsätzlich gehen sie in all den weiteren Revisions- und Urteilsbegründungen immer davon aus, daß Frauen, die schon Kinder haben, getrost weitere zur Welt bringen können. Immer wieder taucht das Wort »zumutbar« auf. Ist denn Liebe und Fürsorge, Verantwortung und Kraft den Frauen qua Geburtsvorgang eingepflanzt? Kann »man« ihnen Kinder gegen ihren Willen aufzwingen? Oder sind Frauen eben doch eher im Auge der Männer Mägde und Dienerinnen, wie in der Bibel zitiert? Wert und Würde – so formulieren es die Richter – des ungeborenen Embryos seien stets »gegen die Interessen der Frau« abzuwägen. Wie zynisch. Da werden dem Embryo also Wert und Würde zuerkannt, der Frau nur Interesse. Frauenverachtender haben selten Richter in Deutschland geurteilt.

Wann schlagen Frauen zurück?

Gewalt in der Partnerschaft – Susanne K. ist kein Einzelfall

Die Zahlen sind nüchtern: fünf Millionen Frauen erleben zu Hause gewalttätige Männer. Männer, die sie schlagen, treten, die ihnen blaue Augen zufügen, die sie lebensgefährlich verletzen. Fünf Millionen Frauen – Fachleute schätzen die Dunkelziffer viel höher. Denn vor allem die sogenannten Oberschichten versuchen jahrelang, die Illusion vom intakten Familienleben und vom trauten Heim aufrechtzuerhalten. »Gewalt in der Ehe« kommt aber keineswegs nur in den sogenannten unterprivilegierten Kreisen vor. Schlagende Männer sind sowohl reich als auch arm – in jedem Fall leben sie aber in einer symbiotischen Beziehung mit ihrer Frau. Susanne K. hat kein Einzelschicksal. Es ist typisch für Gewalt-Ehen. Dabei sind beide, er und sie, sogenannte Studierte. Sie hat Abitur und er ein abgeschlossenes Studium. Er arbeitet heute noch als Erzieher. Geschätzt von seinen Vorgesetzten und auch von den Kindern.

»Ich muß heute direkt nachdenken, wann er mich das erste Mal geschlagen hat, so total zusammengeschlagen. Wahrscheinlich ging es wieder um so eine Haushaltsangelegenheit. Daß ich irgend etwas falsch gemacht habe, vielleicht das falsche Essen gekocht. Das hat ihn immer schon so geärgert. Aber früher hätte er da nie zugeschlagen, da hat er höchstens furchtbar geschimpft. Auf einmal hat er mir dann eine wahnsinnige Ohrfeige verpaßt, und noch eine, und dann hat er mich geboxt und an die Wand gedrängt. Ich konnte gar nichts sagen, ich war total fassungslos.«

Frage: Ist ihr Mann mit Schlägen aufgewachsen, hat er zu Hause oft Prügel bezogen?

»Ja, mit Ohrfeigen und so schon, sein Bruder ist auch mal grün und blau geschlagen worden vom Vater, so im Alter von zwölf. Schläge sollten bei den Schwiegereltern die Kinder auf den rechten Weg bringen.«

Frage: Was haben Sie ihm denn nach diesem ersten tätlichen Angriff gegen Sie gesagt?

»Ich konnte gar nichts sagen, er ist auch nicht weiter darauf eingegangen, er fand das anscheinend in Ordnung. Es ging auch erst mal alles besser bei uns. Wir hatten damals schon zwei Kleinkinder und konnten es uns leisten, in ein Einfamilienhaus zu ziehen. Wir hatten zusammen eine Firma gegründet, es ging uns finanziell besser. Aber es war auch viel Arbeit für mich, die zwei Kleinen, 240 Quadratmeter Wohnfläche, der Garten und die Firma. Er war auch gestreßt von der neuen Arbeit und fing dann an, in die Kneipe zu gehen. Natürlich kam er schlecht hoch, wenn um sechs der Wecker klingelte. Die nächsten Prügel bezog ich dann nachts. Er weckte mich immer, wenn er heimkam. Entweder hatte er gute Laune, dann war's natürlich toll, er liebt mich und so weiter. Aber wenn die Grundstimmung schlecht war, dann wurde ich beschimpft, das war dann ganz gemein. Meistens bekam er auch noch mordsmäßig Hunger, dann mußte ich ihm noch was kochen. Aber den Kleinen habe ich auch noch gestillt, und so war ich oft todmüde. Wenn ich dann nicht auf wollte und sagte ›laß mich in Ruhe, ich bin müde‹, dann wurde er ganz biestig. Da wurde er dann auch grob, riß mich am Arm aus dem Bett, schlug mich ins Gesicht, so daß ich immer wieder mit meinem Kopf an die Wand knallte. Aber ich wollte keinen Mucks machen, damit die Kinder nicht wach wurden im Zimmer daneben.«

61 Prozent der Frauen, die durch Gewalt ums Leben kamen, wurden vom eigenen Ehemann oder Lebensgefährten umgebracht. Das kam bei einer Gerichtsstudie in Nordrhein-Westfalen heraus. Nirgendwo sind also Frauen so gefährdet wie in ihrem eigenen Heim. Nicht auf der Straße, nicht im nächtlichen Park und schon gar nicht in der gefürchteten Tiefgarage. Bei über 80 Prozent aller aufgeklärten Gewalttaten gegen Frauen ist der Täter mit dem Opfer bekannt, verwandt oder verschwägert. Können wir Frauen diesem Teufelskreis gar nicht entrinnen? Susanne wehrt sich nicht, hat sich nie gewehrt, versucht nur den Alltag der Kinder zu schützen, indem sie nicht vor Schmerzen schreit, am nächsten Tag mit einem Sturz im Treppenhaus ihre blauen Flecken erklärt. Psychologen sprechen da von einer »frauentypischen« Verhaltensweise. Die meisten Frauen können nicht direkt aggressiv sein. Sie nörgeln eher, maulen, leisten passiven Widerstand. Frauen konnten als kleine Mädchen oft keine Trotzphase durchleben. Das Erwachen ihres eigenen Ichs wird bei Mädchen eher niedergeprügelt als bei Jungen. Wenn dann noch ein entsprechend disponierter Partner hinzukommt, schnappt die Falle zu.

»Am nächsten Tag hab' ich überhaupt nicht mit ihm geredet, ich konnte auch gar nicht, weil mir die Kiefer wehtaten. Nach einiger Zeit aber fragte er mich dann ganz harmlos, was ich denn hätte? Ich konnte ihn nur ganz groß anschauen, wußte er tatsächlich nicht mehr, was er da gestern nacht mit mir gemacht hatte? Ohne meine Antwort abzuwarten meinte er nur, daß er zu allem stehen würde, es tät' ihm auch gar nicht leid, das sei mal so richtig nötig gewesen. Ich war wieder sprachlos. Wenn er sich doch wenigstens entschuldigt hätte, gesagt hätte, daß es ihm leid tut. Nein, nichts. Das habe ich dann noch mal wie so einen Schlag empfunden. Das konnte ich nicht mehr begreifen. Ich dachte daran wegzugehen – aber wohin mit den zwei Kindern? Ich steckte ja auch noch mit in der Firma, mit Kredit und allen schönen Sachen.

Ich hab' das alles also mal wieder weggesteckt. Gehofft, daß es nie mehr passieren würde. Denn eigentlich war er kein schlechter Kerl. Er hat mir ja auch mal ganz gut gefallen. Weil er mehr im Hirn hatte als die anderen, weil er sich auch um den Haushalt gekümmert hat. Gekocht hat er gern, saubergemacht weniger. Wir haben früher auch viel gelacht zusammen, und mit den Kindern war er immer wahnsinnig nett. Er hat sich dann auch anscheinend wegen seiner Sauferei Gedanken gemacht. Er wollte das eigentlich nicht. Aber als unser Auftraggeber Pleite machte, begannen bei uns die Schwierigkeiten wieder. Wir hatten plötzlich auch kein Geld mehr – und ich war mit dem dritten Kind im vierten Monat schwanger. Mir ist ausgerechnet am Wochenende die Pillenschachtel ausgegangen und der ältere hatte Kindergeburtstag. Ich kam also nicht in die Apotheke und durch diese Schludrigkeit bin ich dann wieder schwanger geworden. Er war stocksauer. Aber der Anlaß für die nächste große Prügelei war wieder im übertragenen Sinne meine Eltern. Er meinte, deren Auto gesehen zu haben, ich hätte sie wohl mal wieder angerufen, sie um Hilfe gebeten. Das war so eine Wahnvorstellung von ihm, weil ihn meine Eltern nicht mochten und mir von Anfang an von dieser Ehe abgeraten hatten. Also begann er zu schreien, ich solle jetzt die Koffer packen und gehen. Ich habe mich aber erst geweigert, denn die Kinder wollte er mir nicht mitgeben. Die bekäme ich nicht, ehe bringe er mich um. Da hatte ich schon ganz schön Angst. Er hatte mich schon einmal eine ganze Nacht lang festgehalten, mit einer abgebrochenen Bierflasche, wie im schlechten Krimi. Es war wieder irgend so eine Eifersuchtsgeschichte. Nur: Er hatte eine Flasche Wein und drei Schnäpse getrunken, und jeder Richter würde ihn für unzurechnungsfähig erklären, ihm würde nichts passieren, wenn er mich jetzt umbringen würde. Damals habe ich in panischer Angst ausgehalten, und vor lauter Suff ist er dann endlich eingeschlafen. Aber diesmal war er nicht betrunken. Und bevor in der Zeitung steht: ›Ehefrau wurde von Mann erschlagen‹, hab' ich dann meinen Koffer tatsächlich gepackt. Er trat mich dann noch mehrfach, als ich mich bückte, aber Gott sei Dank nicht gegen meinen Bauch. Bei dieser ganzen Aktion kamen zufällig meine Schwiegereltern vorbei, die hat er auch noch beschimpft und die haben mir dann auch geraten, jetzt geh' erst mal lieber. Ich bin dann ins Frauenhaus, eineinhalb Stunden Fahrt mit dem Auto. Die Kinder waren bei ihm, die wollte er mir ja nicht mitgeben.«

In den alten Bundeslänern gibt es 324 Frauenhäuser, in den neuen Bundesländern bereits 92. Allein 1991 flüchteten sich Tausende Frauen mit ihren Kindern dorthin. Die

Frauenhäuser platzen aus allen Nähten, immer mehr Frauen wissen um diese Zufluchtsstätten, immer mehr Frauen haben den Mut, aus gewalttätigen Ehen und Beziehungen herauszugehen, oft auch nur, um die eigenen Kinder zu schützen. In den Frauenhäusern arbeiten Sozialarbeiterinnen, Psychologinnen, Therapeutinnen und viele freiwillige Frauen. Die Adressen sind meist geheim, werden nur betroffenen Frauen über einen Telefondienst weitergegeben. Zu oft schon drohten wütende und verlassene Ehemänner mit Gewalt gegen diese Einrichtungen. Deshalb stehen auch draußen keine Schilder, deshalb sind viele Frauenhäuser mit Gegensprechanlagen oder gar Kameras gesichert. Es hat sich auch längst als sinnvoll erwiesen, die untere Fensterscheibe gut zu sichern – mit Gittern oder Rollos. Gewalttätige Ehemänner kennen in ihrer Ohnmacht oft keine Grenzen mehr.

Susanne findet im Frauenhaus zum ersten Mal in ihrem Leben offene Ohren. Sie redet fünf Stunden an einem Stück, erzählt alles aus ihren nun fünf Ehejahren. Sie kann es gar nicht fassen, daß ihr jemand glaubt. Bei allem hält sie aber unbeirrt an der Illusion fest, daß sich doch noch alles zum Guten wenden könnte, wenn sie sich nur genügend anpaßt. Sie denkt unverändert an eine Rückkehr.

»Immer wieder habe ich zu der Therapeutin gesagt, daß er sich schon ändert, wenn ihm nur mal einer sagt, er soll mich ordentlich behandeln. Er soll sich benehmen wie ein Mensch. Ich würde meinerseits auch wieder mehr auf ihn eingehen, wieder mehr hinter ihm stehen. Das kommt schon alles wieder in Ordnung, dachte ich damals noch. An zwei Tagen haben wir auch telefoniert, aber das war sehr haßerfüllt und gar nicht gut. Ich habe dann auch mit den anderen Frauen im Frauenhaus geredet. Was so normal ist in einer Ehe und was nicht. Da fiel mir manches wie Schuppen vor den Augen. Da dämmerte es mir: Das wird nicht wieder. Ich bin also zum Anwalt gegangen und habe das Sorgerecht für die Kinder beantragt. Nach einer Woche war das, was mir später der gegnerische Anwalt gewaltig vorgehalten hat. Mein Mann ist derweil zu Hause geblieben und hat die Kinder versorgt, das konnte er ja. Um die hatte ich auch keine Bange. Der Mensch vom Jugendamt jedenfalls war richtig begeistert von ihm. Im Frauenhaus haben mir die Betreuerinnen geraten, erst mal eine Wohnung zu finden. Denn mir wurde von Tag zu Tag klarer, zurück kannst du nicht. Nach drei Wochen hatte ich Glück: Ich fand eine Wohnung und konnte sagen, die Kinder können zu mir, ich habe jetzt Platz. Ich war ja auch noch nie einen Tag von denen getrennt gewesen. Das war die Zeit der Jugendämter. Denn eines kümmerte sich um ihn und seine Forderungen, das andere in einem anderen Kreis um mich. Der Richter wollte da nicht so einfach entscheiden und forderte ein Gutachten an. Das war gut für mich. Wenn es auch komisch klingt: Aber die Kinder waren inzwischen schon total aggressiv gegen mich, fingen an, mich zu beschimpfen, mich zu hauen, zu treten. Die waren schon total von meinem Mann gegen mich eingenommen. Das kam dann alles in dem Gutachten raus, und die Kinder sind in allen Punkten mir zugesprochen worden. Die beiden Buben waren damals vier und zwei Jahre alt.«

Susanne erlebt in diesem Fall ein besseres Schicksal als viele andere geschlagene Frauen. Die meisten verlassen ihren Mann erst dann, wenn die Kinder ganz offensichtlich zu leiden beginnen. Der Grund: Die Mütter spüren das Leiden ihrer Kinder deutlicher als ihr eigenes. Susanne hat da noch ein gesundes Gefühl. Sie kann sagen: Ich will nicht mehr, ich halte das nicht mehr aus. Sie erkennt, daß sie sich selbst retten muß, als erste, und dann ihre Kinder. Trotzdem fragt sie sich immer und immer wieder, wie denn dieser einst von ihr so geliebte Mann so gewalttätig hatte werden können. Irgendwo fühlt sie, daß er sich aufgrund seiner Erziehung dahin entwickelt hat. Aber inzwischen weiß sie auch, daß auch ihr Wohlverhalten und Schweigen bei Gewaltausbrüchen aus ihrem Mann keinen Menschen machen wird, der auf andere eingehen kann und Liebe zeigen wird. Zu tief sitzt bei ihm, das bestätigt ihr auch die Therapeutin im Frauenhaus aus hundertfacher Erfahrung, das Gewaltverhalten aus frühester Kindheit. Aber es ist bald Weihnachten, und Susanne kann sich im Frauenhaus ein Weihnachten ohne ihre Kinder kaum vorstellen.

»Jedes zweite Wochenende konnte ich die Kinder sehen. Das war vor dem Gutachten und dem Richterspruch. Mein Mann war damals ziemlich nett, und ich war richtig froh darüber. Er hat auch versucht, mit mir zu reden. So kam es zu seinem Vorschlag, doch mit ihm und den Kindern gemeinsam Weihnachten zu feiern. Mir war das schon recht. Meinen Eltern und den Freunden habe ich zwar davon gar nichts gesagt, weil die mich sonst alle für verrückt erklärt hätten. Am ersten und auch am zweiten Tag ging ja alles ganz gut. Am dritten Tag mußte ich zum Frauenarzt, ich war ja im siebten Monat schwanger. Unglücklicherweise tauchte genau in der Zeit die Polizei bei ihm auf, um ihn zu fragen, warum ich denn im Frauenhaus sei. Jetzt hat er gedacht, ich hätte ihn angezeigt, aber das war reine Routine. Als ich dann ahnungslos nach Hause kam, war die Hölle los. Ich kam gar nicht mehr aus der Türe raus, sofort hatte ich die ersten Ohrfeigen im Gesicht. Er hat mir so den Kopf gegen die Wand geschlagen, daß mehrere Bilder zerdeppert sind. Ich habe immer gedacht, jetzt überlebe ich das nicht mehr. Zum ersten Mal habe ich auch nach den Kindern geschrien und in einer kurzen Atempause konnte ich durch die Haustür entwischen. Ich habe dann sofort in der nächsten Telephonzelle die Notrufnummer 110 angerufen. Die Polizei wollte sich aber nicht einmischen. Ich sei doch in Sicherheit und den Kindern würde schon nichts passieren. Ich könne aber doch auch zurückgehen, wenn mir jetzt die Kinder so am Herzen lägen und später die Gerichte entscheiden lassen. Mir lief dabei das Blut aus der Nase, mit einem Auge konnte ich schon gar nichts mehr sehen, so zugeschwollen war das, mir war schlecht, ich zitterte am ganzen Leib. Ich sah aus wie ein Monster. Resigniert hab' ich dann die Kinder beim Vater in der Wohnung gelassen und bin noch selbst ins Krankenhaus gefahren. Die Beamten kamen nicht auf die Idee, daß sie mich hinbringen könnten. In der Nacht kamen dann auch Wehen, aber das war nach zwei Tagen wieder vorbei. Im Krankenhaus haben mich die Schwestern und Ärzte immer wieder gefragt, wer mich denn so zugerichtet habe. Daß es mein Mann war, ging denen überhaupt nicht ein. Eine Pastorin hat mich dann bei der Entlassung nach acht Tagen zur Polizei begleitet – ich habe Strafanzeige gegen ihn erstattet. Die Kinder blieben trotzdem bei ihm, denn denen war ja nichts passiert. Aber ich hatte es endlich kapiert. So schlimm hat es kommen müssen, daß es bei mir endgültig aus war.«

Erstaunlicherweise wollen die meisten gewalttätigen Ehemänner ihre Frauen so schnell wie möglich wieder zurück. Der Grund, weshalb sie weggelaufen ist, ist für die meisten uninteressant. Sie begreifen nicht, daß ihre Ehemuster nicht funktionieren: Sie tut, was ich sage, dann läuft schon alles glatt. Die Ehefrauen gehen zwar nach solchem Erleben zu Fachleuten, um sich Rat zu holen. Die Ehemänner halten davon aber bedauerlicherweise gar nichts. Nur ein verschwindend kleiner Teil ist bereit zu therapeutischen Gesprächen. Viel eher formulieren sie selbstbewußt: Ich habe keine Probleme mit ihr – sie hat sie doch mit mir. Was denjenigen, der dahinterschaut, die wahren Gründe erkennen läßt: Diese Männer sind zutiefst infantil und unfrei. Sie klappen meist total zusammen, wenn ihre Frau endgültig geht. Solche Männer sind auch besonders selbstmordgefährdet. Da richtet sich dann die Aggression gegen sie selbst, weil die Partnerin das Weite gesucht hat. Susannes Mann kämpfte nicht mit diesen Problemen. Er handelte und zog mit den beiden Buben – trotz des eindeutigen Sorgerechtsbeschlusses des Richters – nach Berlin.

»Inzwischen kam Lea zur Welt, mein drittes Kind, ein Mädchen. Da ging es bei mir nur noch aufwärts. Auch wenn ich die Buben wahnsinnig vermißte. Meine Mutter hat mir dann sehr geholfen. Ich habe erst mal eine Einstweilige Verfügung erwirkt gegen meinen Mann in Berlin, damit ich mit dem Gerichtsvollzieher die Kinder aus der Wohnung holen durfte. Und das alles mit Lea im Schlepptau. Auf der Gerichtsbank wurde sie gestillt und gewickelt. Aber die hat alles super mitgemacht. Wir haben dann an diesem Tag auch echt Glück gehabt. Die Jungen waren in der Tagesstätte, und da konnten wir sie mit unseren Formularen und Urteilen auch mitnehmen. Bei ihm zu Hause haben wir dann nur Kleidung abgeholt, er rückte auch die Pässe heraus, hat gar nicht getobt oder geschrien wie sonst. Die beiden Kinder wollten schon zu mir, aber erst mal zu Besuch. Und wo das Baby sei, das hat sie am meisten interessiert. Wir fuhren also in meine neue Wohnung, und ich hab' so richtig tief durchgeatmet.

So ganz allmählich kam dann auch raus, daß er mich bei den Kindern furchtbar schlecht gemacht hatte. Wie so oft, als wir noch zusammenlebten. Da hat er mich auch oft vor ihnen als Hure beschimpft. Nur wenn ich ganz still war, meinen Kopf eingezogen habe und nicht mal das Gesicht verzog, ging es schnell vorbei und wurde nicht zu einer riesigen Geschichte aufgebauscht.«

Frage: Hat Ihr Mann seine Kinder dann auch alle zwei Wochen laut Besuchsrecht gesehen?

»Nein, das war dann wirklich komisch. Die Kinder haben bis heute, drei Jahre danach, ihren Vater nie mehr gesehen. Zwei Postkarten hat er in dieser Zeit an sie geschickt, und Fotos von den Kindern wollte er. Das fand ich dann ganz nett, und schließlich wollte ich den Kindern auch den Vater nicht ganz nehmen. Also setzte ich mich hin und schrieb einen langen freundlichen Brief mit den gewünschten Bildern. Sein Antwortbrief aber war nicht mehr vom Feinsten. Erstens hat er meinen gleich wieder zurückgeschickt, und dann schrieb er noch, daß er den Tag verfluche, wo er mich kennengelernt habe. Derselbe Kram wie vorher. Ich dachte nur, der hat ja überhaupt nichts kapiert. Jahrelang rede ich mir den Mund fusselig, mache Therapie, denke nach, was ist mein Anteil an dem Ganzen, was mach' ich in der Zukunft, damit nicht noch mal was ganz falsch läuft, damit das nicht wieder passiert. Aber dann sein Brief. Es war kaum zu glauben.«

Immer wieder erzählen Männer später in Therapien und Gesprächsrunden über ihre Gewalt und daß sie sich durch die passiv duldende Haltung ihrer Frauen zu ihren Gewalttätigkeiten ermutigt gefühlt haben. Wie die zwei Seiten einer Medaille gehört zu diesem Drama eben auch die Sprachlosigkeit der Frauen, ihre Unfähigkeit sich durchzusetzen. Die Männer sprechen dann oft von einer Gummiwand, die sie vor sich gefühlt hatten, eine Gummiwand, gegen die sie »ohnmächtig« anzurennen versuchen. Frauen werden schon von Kind an zu Passivität erzogen, vorgelebt zudem von ihren Müttern. Das wiederum veranlaßt schon die Väter und später die Ehemänner zu diesen furchtbaren Kurzschlußreaktionen. Ein Teufelskreis ohne Ende. Diese Passivität der Frauen führt auch in den sexuellen Bereich hinein. Auch hier wehren sie sich nicht, lassen geschehen und werden auch selten sexuell aktiv. Tief in ihnen sitzt, daß sowohl die Wut der Männer als auch deren Sex verachtenswert sei. Sie fühlen sich moralisch überlegen, wenn sie beides erdulden, und setzen so die Männer wiederum unter erneuten »ohnmächtigen« Druck. Hier hilft nur Therapie, das Aufarbeiten frühester Erlebnisse und die Assistenz von sensiblen Beratern. Susanne begibt sich in solche Hände, nicht ihr Mann.

»In der Therapie brauchte ich zuerst nur jemanden, dem ich alles erzählen konnte, der mir auch Mut machte, daß ich so verkehrt wohl nicht sei. So richtig ans Eingemachte kamen wir erst nach dem ersten Therapie-Jahr. Ich habe dabei entdeckt, daß mein Mann und sein Verhalten ganz viel mit meinem Vater und seinem Verhalten zu tun hatten. Ganz früh habe ich schon von meiner Mutter gehört, es sei besser, lieb zu sein, als eine eigene Meinung zu haben und sie womöglich auch noch auszusprechen. Es gab zwar bei mir daheim keine Ohrfeigen, eher gar keine Emotionen. Ich habe nie gesehen, daß sich meine Eltern mal geküßt hätten. Wenn bei meinem Vater was grün war, dann war das grün und Ende. Als ich meinen Mann kennenlernte, da war der eben ganz anders als mein Vater. Er hatte Interesse an Kindern, konnte kochen, hatte was im Kopf, war eben nicht so dumpf und dröge wie die anderen. Nicht Fußball und Bier, sondern am Anfang sogar so was wie alternatives Leben. Daß sich alles so entwickelt hat, lag auch viel an mir, das weiß ich heute. Trotzdem hätte er nicht schlagen dürfen. Aber ich hätte eben auch viel öfter den Mund aufmachen müssen, ihn vielleicht sogar mal anbrüllen, wenn mir was nicht paßte, und mich nicht immer ducken sollen. Ich hoffe jetzt sehr, daß mir das in Zukunft, wenn die Kinder groß sind und ich vielleicht noch mal eine Beziehung eingehe, nicht mehr so passiert. Die Therapie habe ich übrigens abgebrochen. Weil mich der Typ verführt hat. Es war das erste Mal für mich seit der Trennung von meinem Mann, und ich war zuerst froh, daß ich das überhaupt wieder haben konnte. Aber nach einer Zeit habe ich gespürt, daß das nicht o.k. war. Das hab' ich dem Therapeuten auch gesagt, und er hatte auch ein ganz gewaltig schlechtes Gewissen. Ich war dann eine Weile ein richtiges Biest und hab ihn ausgenützt. Aber als ich meinen jetzigen Freund kennenlernte, habe ich dort abgebrochen.«

Susanne lebt inzwischen ein friedliches Leben in einer kleinen Stadt. Der ältere der beiden Jungen hat einen Kindergartenplatz. Insgesamt bleiben ihr mit den drei Kindern 1300 Mark zum Leben, damit kommt sie aus. Halbtags läßt sie sich zur Zeit auf Industriekauffrau umschulen. Das dauert zweieinhalb Jahre und macht der jungen Frau einen enormen Spaß. Solange muß sie noch von Sozialhilfe und Kindergeld leben. Aber: Daß es bald bei ihr aufwärts geht, darüber ist sich Susanne vollkommen sicher.

Sie hoffen auf Besserung – aber es kommt noch schlimmer

Die neue Armut trifft immer mehr Frauen in unserem Land

In den alten Bundesländern schlägt einem der Wohlstand entgegen. Luxus, Reichtum, Glanz und gesichertes Leben scheinen im frisch vereinten Deutschland die Normalität. Wer von neuer Armut spricht, wird mit einem mitleidigen Lächeln bedacht. Aber die Wirklichkeit läßt sich auch hier mit nüchternen Zahlen darstellen: Über drei Millionen Sozialhilfeempfänger, die Zahl der Arbeitslosen überschreitet ebenfalls die Drei-Millionen-Grenze. Frauen sind überdurchschnittlich betroffen. Denn ihre Arbeitsleistung, vor allem im Bereich der Kindererziehung und im Haushalt, findet keine materielle Anerkennung und bietet somit keine ökonomische Absicherung. 1,71 Millionen Frauen über 18 Jahren leben in Deutschland von der Sozialhilfe. Die Durchschnittsrente von Frauen beträgt 761 Mark, die der männlichen Rentner 1230 Mark.

Die Geschichte von Sigrid K., 32 Jahre alt, ist kein Einzelfall. Sie ereignet sich immer wieder in diesem reichen Industrieland. Die junge blonde Frau aus der bayerischen Kleinstadt lebt seit zwei Jahren mit ihren Kindern Sabine und Michel allein. Die Kinder sind vier und fünf Jahre alt. Als Sigrid mit sechzehn Jahren ihren Abschluß an einer Realschule macht, da stellt sie sich ihr Leben noch ganz anders vor. Bürokauffrau will sie lernen, eines Tages in einem großen Unternehmen arbeiten. Sie möchte einen netten Mann kennenlernen, mit ihm eine Familie gründen. Solange die Kinder klein sind, will sie zu Hause für ihr Nest sorgen, später dann wieder weiterarbeiten. Sigrid freut sich auf das Leben und geht jeden morgen mit Engagement und Schwung an ihre Arbeit im Büro. Ihr neuer Freund Fritz holt sie oft ab, sie mag ihn gern und könnte sich ein Leben mit ihm vorstellen. Da wird sie schwanger. Ganz schnell kommt jetzt alles ganz anders.

»Der Fritz hat damals schon als Versicherungsmakler gearbeitet, mit einem dicken Auto und so. Wir haben uns also eine Wohnung gesucht und kurz vor der Geburt geheiratet. Ich habe meine Ausbildung unterbrochen und Mutterschaftsurlaub genommen. Da fing er an, mich wie so eine Leibeigene zu behandeln. Ich sollte mich vorsichtig auf die Möbel setzen, es waren ja ›seine‹ Möbel. Und die Teppichfransen hat er frisiert wie ein Geisteskranker. Das kann ja hübsch werden mit dem Kind, hab' ich mir damals schon gedacht. Er ist auch allein in Urlaub gefahren, weil ich jetzt ja so dick, so häßlich sei. Ich hab' ihm das damals auch geglaubt und bin die letzten Wochen vor der Geburt gar nicht mehr aus dem Haus gegangen. Von meinem Gehalt hatte ich Gott sei Dank etwas gespart, davon konnte ich den Haushalt bestreiten. Denn Geld hat der Fritz freiwillig dann plötzlich auch nicht mehr 'rausgerückt.«

Sigrid verhält sich wie Millionen anderer junger Frauen: Sie hofft auf Besserung. Aber es kommt noch schlimmer. Weil Fritz immer spät ins Bett geht, will er nachts nicht vom Geschrei des neugeborenen Babys geweckt werden. Weil er in solch einem Fall cholerisch reagiert und das Kind schlägt, verbringt die junge Mutter jetzt die Nächte ängstlich am Babybett. Nach zehn Monaten wird sie wieder schwanger.

»Da kann man ja jetzt sagen, so ein Wahnsinn, in so einer verfahrenen Situation. Aber ich habe die Spirale nicht vertragen. Auch die Pille ist mir nicht bekommen. Kompletter Haarausfall war die Folge, und mein Hormonpegel war unter aller Kanone. Und mit Kondomen scheint mein Ex-Mann nicht umgehen zu können. Schließlich kann ich sie ja nicht selber benutzen. Bei der zweiten Schwangerschaft habe ich immer gelegen, die letzten drei langen Monate. Und geheult hab ich ganz furchtbar. Schließlich ist es ja auch meine Schuld, daß ich mit ihm geschlafen habe. Aber es war immer die einzige Möglichkeit, ein wenig Nähe und Zärtlichkeit zu kriegen. Das war die einzige Chance, daß er sich fünf Minuten mit mir positiv beschäftigt hat. Erst als ich das dritte Mal ein Kind erwartete, da hat mir der Arzt die medizinische Indikation gegeben, ich war auch total in jeder Beziehung am Ende. Wie ich ins Krankenhaus kam, ist er mit seinen Freunden in Urlaub gefahren. Das war dann endlich der Punkt, wo mir die Scheinwerfer aufgegangen sind. Da war es aus bei mir, hau' ab, hab' ich ihm gesagt, komm' nie wieder.«

Sigrids Weg in die Armut ist vorgezeichnet. Allein mit zwei Kindern kann sie keiner vollen Erwerbstätigkeit nachgehen. Keine Frau kann das in dieser Situation. Die meisten Väter zahlen erst mal in der Trennungsphase keinen oder nur unregelmäßig Unterhalt. Sie wollen die

Frau schließlich dafür bestrafen, daß sie sich von ihnen gelöst hat. Deshalb bleibt nur der Weg zum Sozialamt. Ihn gehen Jahr für Jahr fast eine halbe Million Frauen in den 16 Bundesländern. In einer mittleren Stadt in Deutschland bekommen Frauen folgenden Durchschnittsatz: Der alleinstehende Haushaltsvorstand erhält 435 Mark. Angehörige unter einem Jahr bis 20 Jahre bekommen zwischen 196 und 392 Mark. Rechnet man einen Mehrbedarfszuschlag in Höhe von 20 Prozent des Regelsatzes (87 Mark) hinzu, so verfügt eine alleinerziehende Mutter mit zwei Kindern unter sechs Jahren über einen monatlichen Betrag von 916 Mark. Kindergeld und Unterhaltszahlungen werden als Einkommen angerechnet und von den Leistungen der Sozialhilfe abgezogen. Das ergibt in unserem Beispiel 796 Mark. Mietzahlungen werden extra verrechnet.

»Auf der einen Seite war ich total erleichtert, wie der Typ draußen war und ich endlich auch wieder eine Nacht durchschlafen konnte. Aber die Angst vor der Zukunft, die finanziellen Unsicherheiten haben mir oft den Hals abgeschnürt. Ich wollte zwar so schnell wie möglich wieder arbeiten gehen, aber erst mußte ich mal zu Hause mit den Kindern wieder Ruhe in den Alltag hineinbringen. So blieb nur der Weg zum Sozialamt. Da wird man behandelt wie der letzte Dreck. Je nach Sachbearbeiter wird man trotz guter Ausbildung und anständigem und höflichem Verhalten oft wie ein Assozialer behandelt. Mir ist es am Anfang so gegangen, daß ich zwei Nächte, bevor ich zum Sozialamt mußte, nicht schlafen konnte. Der Sachbearbeiter hat mich auch nicht leiden können und hat mir immer das Gefühl gegeben, daß ich als Bettler mit dem zufrieden sein kann, was ich bekam und damit basta. Und erst seit ich weiß, daß ich ein Recht darauf habe und einen Anspruch, kann ich diesen Beamten einigermaßen über mich ergehen lassen. Aber die Tage auf dem Sozialamt sind immer noch schwarze Tage in meinem Kalender.«

Für die meisten Menschen, die nicht mehr aus eigener Kraft für ihren Lebensunterhalt sorgen können, gleicht der Gang zum Sozialamt einer persönlichen »Bankrotterklärung«. Fremden Behördenvertreterinnen Auskunft über persönliche und sogar intime Lebensumstände geben zu müssen, um die eigene Bedürftigkeit nachweisen zu können, ist für diese Menschen mit Scham und dem Gefühl des Ausgeliefertseins verbunden. In dieser Gefühlslage begegnen sie Sachbearbeiterinnen, die unter einem ständig wachsenden Ansturm an Fällen leiden, die sich überfordert fühlen und gleichzeitig von oben immer den Zwang zum Sparen verordnet bekommen. Schließlich sollen die ohnehin hohen Sozialhilfeausgaben nicht noch durch eine großzügige Bewilligungspraxis gesteigert werden.

Hilfesuchende und auch Sachbearbeiterinnen sind Mitglieder einer Gesellschaft, die sich den Stempel »Leistungsgesellschaft« gerne anheftet. Insofern glauben beide Gruppen daran, daß vor allem der Tüchtige zählt und Schwäche und das Angewiesensein auf fremde Hilfe einen niedrigen Wert darstellt. Schließlich herrscht immer noch die Meinung vor, daß die Notleidenden persönlich dafür verantwortlich sind. Sigrid erlebt das alles und fühlt sich ohnmächtig. In ihr Tagebuch schreibt sie:

- Wer Hilfe braucht auf dem Sozialamt wird unzureichend informiert und erhält deshalb entsprechend niedrige Hilfeleistungen.

- Wenn sich eine Frau informiert, wird ihr vorgeworfen, sie sei nur darauf aus, das Äußerste für den eigenen Vorteil herauszuholen.
- Die Intimsphäre wird nicht gewahrt, die Türen der Sprechzimmer stehen offen, und häufig sind auch noch andere Personen im Raum.
- Es werden die Regeln des Anstandes und der persönlichen Achtung verletzt: Man läßt mich nicht ausreden, bezweifelt den Wahrheitsgehalt meiner Angaben, macht anzügliche Bemerkungen, läßt mich ewig warten.
- Der häufige Wechsel der Sachbearbeiterinnen macht mühsam aufgebaute Vertrauensverhältnisse wieder zunichte.

»Ich habe das alles kaum ausgehalten und mir deshalb wieder einen Job gesucht und auch einen gefunden. Mit viel Druck habe ich auch für beide Kinder einen Kindergartenplatz bekommen. Aber da begann für mich ein zusätzlicher Streß. Hoffentlich wird kein Kind krank, was machst du dann? Wenn ich in der Nacht nur einen einzigen Huster hörte, bin ich schon fast ausgeflippt. Wie mache ich das morgen im Büro, wie bringe ich das denen bei, daß ich schon wieder nicht kommen kann. Wo tu' ich die Kinder hin, niemand nimmt einem ein krankes Kind ab. Ich war ständig in furchtbaren Gewissenskonflikten, dem Arbeitgeber will man gerecht werden und den Kindern auch. Dann hängt man auch noch selber durch, wegen der gescheiterten Beziehung. Das schlimmste aber waren meine Kolleginnen im Büro, die waren jedesmal außer sich. Die Chefs waren da großzügiger, die waren auch mit meiner Arbeitsleistung zufrieden. Aber die fünf Urlaubstage, die einem als Mutter von einem kranken Kind zustehen, die sind ja wohl ein Witz.

Gerade bei zwei Kindern. Da fängt das eine etwas auf, das andere macht nahtlos weiter, wenn das erste wieder gesund ist. Und im Kindergarten sagen die ganz cool, wenn die Kinder schon was einnehmen müssen, sollen sie doch bitte zu Hause bleiben. Da eckst du sowieso schon an, sie halten dich für eine Rabenmutter. Das hab' ich im Büro immer wieder gehört, gerade von meinen Kolleginnen. Auf meine Frage, wovon ich denn dann leben sollte, meinte eine im Büro, ihr Mann sei auch nicht immer der netteste gewesen, aber man muß doch nicht immer gleich davonlaufen. Schließlich sei es ja meine Entscheidung gewesen, ihn 'rauszuwerfen.«

Ohne Beruf, wieder zu Hause mit den zwei kleinen Kindern ergeht es Sigrid wie unzähligen anderen alleinerziehenden Frauen. Die soziale Isolation wird drückend. Der Bekanntenkreis reduziert sich auf ebenfalls Alleinerziehende. Längerfristig vermissen sowohl die Frauen als auch die Kinder »männliche Bezugspersonen« und den Kontakt zu Familien, in denen Väter anwesend sind. Den Kindern geht durch diese »einseitigen« Beziehungen ein wichtiges Modell und den Frauen ein Gesprächspartner verloren.

In diesem Zusammenhang wird auch die Wohnsituation als bedrückend erlebt. Nur außerhalb der Ballungsräume reichen Sozialhilfe und Mietzuschuß für ausreichend Raum. Wohngemeinschaften mit anderen Müttern und Kindern oder Familien werden vom Sozialamt nur widerstrebend finanziert, da dies den Richtlinien für die Vergabe von Sozialwohnungen widerspricht. Ein Teufelskreis, aus dem Frauen nur schwer herausfinden.

»Ich bekomme oft richtige Wut, wenn ich höre, daß der Fritz wieder mal mit seinen Spezln in den Urlaub fährt. Wir sind ja noch nicht geschieden, und er schafft es immer wieder, ohne Unterhaltszahlungen durchzukommen. Sein Trick ist halt, daß in seiner Branche das Einkommen nicht regelmäßig ist. Seit fünf Jahren habe ich mir nichts mehr zum Anziehen gekauft. Sicher, jetzt weiß ich immerhin, daß man zweimal im Jahr außerordentliche Anträge beim Sozialamt stellen kann. Da gibt es dann Geld als Bekleidungs- oder Brennstoffhilfe. Erst die vierte Sachbearbeiterin hat mich darauf aufmerksam gemacht. Aber am meisten nervt mich mein Ex-Mann, wie der sich durchschlängelt. Und seit neuestem bin ich die Schönste, die Beste. Er will nur noch zurück zur Familie, liebt die Kinder und so weiter. Aber nach allem was war, kann ich dem kein Wort mehr glauben«.

Es ist nicht ungewöhnlich, daß Väter nach einer Trennung plötzlich erst den Wert der Familie entdecken. Meistens stehen ja Männer finanziell besser da, sie können darum auch den Kindern in den Besuchszeiten mehr bieten als die Mütter in ihrem Alltagstrott. Das führt dann wiederum bei den Kindern zu größerer Unzufriedenheit und damit zu Spannungen. Zudem schieben trotz neuentdeckter Zuneigung Väter in schwierigen Situationen bevorzugt dann der Mutter wieder die Verantwortung und die Schuld am Werdegang der Kinder zu.

»Mein Fünfjähriger, der Sebastian, gilt als schwieriges Kind. Phasenweise reagiert er wahnsinnig aggressiv auf mich und seine kleine Schwester. Dann schlägt er im Kindergarten nur so um sich. Mit seinem Vater will er manchmal gar nichts zu tun haben, dann wieder geht er nicht 'runter von seinem Schoß. Einmal pro Woche gehe ich mit ihm zum Kindertherapeuten. Da spielt er dann, stellt Familienszenen mit dem Spielebaukasten zusammen, oder er malt uns alle. Bei ihm scheint sich der nachts brüllende Vater stark eingeprägt zu haben. Auch damit, daß ich jetzt nicht mehr so nachgiebig bin wie früher, weil ich ja Vater und Mutter in einer Person sein muß, kommt er schwer zurecht. Aber der Therapeut meint, daß sich das gibt und daß es gut ist, daß wir jetzt schon in Behandlung sind. Sein Vater, der Fritz, findet das unmöglich und erklärt mich für verrückt. Aber ich merke, daß er mich von Monat zu Monat weniger nervt und aufregt.«

Sigrid rechnet mit jedem Pfennig. Trotzdem kommt sie Monat für Monat mehr in die roten Zahlen. Mit einem Kreditrahmen müßte sie nicht so hohe Zinsen wie für ihre Überziehung zahlen. Der wird ihr aber von ihrer Bank nicht eingeräumt. Die junge Frau hat weder einen Bürgen, noch eine Immobilie oder Vermögen, das zu beleihen wäre. Doch schließlich kommt ihr eine rettende Idee: Im örtlichen Anzeigenblatt gibt Sigrid eine Anzeige auf, daß sie Schreibarbeiten aller Art übernimmt. Prompt wird sie von einer Arztpraxis und einer Anwaltskanzlei angerufen. Für zwei Mark pro DIN A4-Seite tippt sie jetzt nachts Arztberichte und einfachere Anwaltsschreiben. Da schlafen die Kinder, und Sigrid hofft, so die 2000 Mark minus auf dem Konto abbauen zu können. Sie hat sich schon ausgerechnet, daß sie dafür tausend Seiten tippen muß. Aber das macht ihr keine Angst.

»Wenn ich auch manchmal tagsüber todmüde bin, glaube ich jetzt, daß ich das schon schaffe. In meinem Stufenplan kommt jetzt die Scheidung dran, dann suche ich mir intensiv eine Halbtagsstelle, wenn beide Kinder in der Schule sind, und als drittes brauche ich dann eine größere Wohnung. Beim Sozialamt stehe ich schon auf der Liste, und ich denke, so in zwei, drei Jahren geht das okay. Dann geht es nur noch aufwärts, vorausgesetzt, ich halte das alles gesundheitlich durch und werde nicht krank.«

Sigrid spricht den schwierigsten Punkt in ihrer Lebensplanung an: die eigene Gesundheit. 60 Prozent aller alleinlebenden Frauen müssen in ihrem täglichen Kampf um ihre finanzielle Basis und die Zukunft der Kinder eine Krankheitsphase durchmachen. Manche empfinden es gar als »Erlösung«, als eine Befreiung von Erlebnissen wiederholten Scheiterns. Dazu kommt, daß unsere Gesellschaft Krankheit fürsorglich behandelt, den Kranken nicht ausgrenzt. In den 130 Heimen des Müttergenesungswerkes in Deutschland erleben 80 Prozent der kranken Frauen zum ersten Mal, daß sich jemand um sie kümmert, daß ihnen Essen hingestellt wird und sie sich – meistens sogar mit den Kindern – vier Wochen lang erholen können.

Sigrid fühlt sich noch fit. Was ihr viel eher fehlt, ist ein neuer Partner. Sie habe so richtig Sehnsucht nach Wärme und Zärtlichkeit, gesteht sie. Daß niemand da ist, bedrückt sie sehr. Ein paar Bekannte hat sie schon, Mütter aus dem Kindergarten und der Nachbarschaft, die wie sie allein erziehen. Aber jemanden zum Anlehnen, zum Ausweinen, zum Lachen und Reden vermißt sie sehr. Früher hatte Sigrid einen guten Kontakt zu ihrer Mutter. Die war damals schon gegen ihre Ehe mit Fritz gewesen. Aber seltsamerweise steht die Mutter jetzt nicht zu

Sigrid. Die sei schließlich selbst schuld an allem, hat sie ihr erst vor kurzem wieder am Telefon entgegengehalten. Da könne sie schließlich auch keine Unterstützung von ihr erwarten. Außerdem habe sie auch nur 960 Mark Rente. Dabei wollte Sigrid nur reden, die finanzielle Situation ihrer Mutter war ihr schließlich bekannt. Bei ihrer Mutter hört Sigrid dann auch immer wieder die gleichen Argumente wie bei ihren ehemaligen Arbeitskolleginnen: Sie hätte wegen der Kinder aushalten sollen und nicht so egoistisch handeln dürfen, womit sie den Kindern ihren Ernährer entzogen hat.

»Vielleicht nimmt es mir meine Mutter auch am meisten übel, daß ich mich entschieden und ihn einfach vor die Türe gesetzt habe. Sie selbst hat 30 Jahre ›ausgehalten‹, wie sie sagt. Fünf Kinder großgezogen, nie selbst Urlaub gemacht, sich nichts zum Anziehen gekauft. Die Ehe meiner Eltern hat mir nicht den Eindruck gemacht, als sei sie glücklich gewesen. Und natürlich wollte ich alles, alles besser machen als sie.«

Hoffnung

Fünf Kinder und ein Job

Organisation ist eben doch alles

Das ist unmöglich, sagen vor allem die Männer zu ihren Frauen, wenn die mit zwei, drei Kindern wieder zurück in den Beruf wollen. Dahinter versteckt sich aber auch oft die Angst, daß es aus sein könnte mit der eigenen Bequemlichkeit. Gabriele B. beweist mit fünf Kindern und einem kooperativen Mann, daß es möglich ist, auch nach langer Kinderpause wieder in den Beruf einzusteigen.

Immer wieder faßt sich Gabriele B. mit beiden Händen an ihren dicken Bauch. Immer wieder. Sie schüttelt den Kopf, die dunklen, halblangen Haare bewegen sich im Wind. Sie kann es noch immer nicht fassen. Zwillinge, hatte ihr der Arzt gerade versichert, in ihrem Bauch seien Zwillinge. Ganz genau habe er sie auf dem Ultraschall-Schirm gesehen, kein Irrtum sei möglich. Sie sollte auch hinschauen, hat aber vor Aufregung auf diesem diffusen Schirm erst mal gar nichts erkannt. Zwei – plus drei zu Hause. Also schlicht und ergreifend fünf Kinder würden sie bald haben, Günter und sie. Es ist Sommer in ihrer Stadt. Sie sitzt auf einer Parkbank gegenüber der Praxis ihres Gynäkologen. Das leichte Lüfterl kann Gabriele B. heute nicht kühlen. In ihrem Kopf jagen sich die Gedanken. Hatte sie nicht alles in ihrem Leben geplant?

»Für mich war alles ganz klar. Nach dem Abi hab' ich Pädagogik studiert, weil ich mir immer ausgemalt hab, daß ich dann Beruf und Mann und Kinder unter einem Hut zusammenbringe. Das hat auch gut mit den drei Kindern Stefanie, Christian und Maximilian geklappt. Da hab' ich dann jeweils Familienpause eingelegt und zur Absicherung den Arbeitsplatz als Lehrerin in der Tasche gehabt. Das war schon genau der richtige Weg für mich.«

Gabriele B. läuft immer dann zur Hochform auf, wenn es besonders schwierig zu werden scheint. So geht sie nach der »Schreckstunde« im Park jetzt schon viel ruhiger durch den grünen Innenhof auf ihren Hauseingang zu. Freut sich, daß sie vor zwei Jahren eine Fünf-Zimmer-Altbau-Wohnung zu einem halbwegs erschwinglichen Preis – für 1900 Mark – gemietet hat. Drüben auf dem Spielplatz schaukeln zwei ihrer Kinder. Als sie die breiten Holztreppen hinaufsteigt, die Wohnungstüre aufschließt, herrscht im Kopf der jungen angehenden Zwillingsmutter wieder die gewohnte Ordnung. Sie wird auch mit fünf Kindern wieder arbeiten. Dazu mag sie ihren Beruf als Lehrerin viel zu gerne. Zwei Jahre, das hat sie schon ausgerechnet, bleiben ihr, um nach der Geburt der Zwillinge ihren Alltag rund um sechs Menschen herum zu organisieren. Das ist machbar, daran glaubt sie fest.

Gabriele B. – ein Ausnahmefall? In den alten Bundesländern zumindest eine Minderheit: Nur 320000 Mütter kehren hier jährlich wieder in ihren alten Beruf zurück. Bis zur Wiedervereinigung konnten dagegen 92,5 Prozent aller Frauen in der ehemaligen DDR auch mit Kindern und Familie arbeiten. Da half ein flächendeckendes

Netz von Kinderhorten, Tagesstätten und Ganztagsschulen, das in den fünf neuen Bundesländern nach dem Einigungsvertrag auf dem Altar der Wirtschaftlichkeit geopfert wurde. Denn unverändert bestimmen im reichen Westen die Männer in der Politik die wirtschaftlichen Spielregeln. Auf dem Rücken der Frauen hüben und drüben. Oder ist es doch in diesen Männern seit Jahrtausenden genetisch implantiert, daß Frau sich um Hausstand und Nachwuchs zu kümmern und Mann »draußen in der Wildnis« als Jäger den Lebensunterhalt seiner Lieben zu sichern habe? Denn Männer unterstützen ihre berufstätigen Frauen höchstens, wenn es um das Aufbessern der Familienkasse geht. Was logischerweise vor allem in Haushalten mit niedrigem Einkommen geschieht.

Insgesamt geht die Hälfte aller Frauen zwischen 19 und 64 Jahren nach einer Familienpause wieder in den Beruf zurück. Weg von Kind und Kochtopf zieht es jedoch wesentlich mehr: von der anderen Hälfte, die nicht wieder arbeitet, möchte dies jede Vierte tun. Das sagen die Statistiker in der neuesten Untersuchung des Bildungsministeriums.

Gabrieles Zwillinge sind inzwischen zwei Jahre alt. Die Lehrerin darf laut Kultusministerium ihre Babyzeit nicht mehr verlängern. Es sei denn, sie verzichtet auf das Anrecht auf ihren Arbeitsplatz, was sich die Frau überhaupt nicht vorstellen kann. Schließlich will sie doch wieder in ihren Beruf zurück, Kinder in Deutsch, Heimat- und Sachkunde und Religion unterrichten. Wofür hat sie denn studiert?
Ganz allein setzt sich die Lehrerin eines Abends in ihr Wohnzimmer und stellt einen Organisationsplan auf: Als

erstes wird für die Zeit, die die Lehrerin in der Schule unterrichtet, ein Kindermädchen gesucht. Dann muß der Haushalt in seinen Aufgabenbereichen neu verteilt werden. Bisher hing alles an ihr, die älteren Geschwister waren zu Hilfsdiensten bereit – mehr hat sie auch nicht gefordert. Einkaufen, Wäsche in die Trommel werfen, herausnehmen, die Zwillinge ausfahren, füttern – das ist den beiden älteren Mädchen schon zuzumuten. Aber wieviel Zeit investiert sie eigentlich so Tag für Tag in diesen Haushalt?

An sich selbst bemerkte Gabriele schon seit einiger Zeit, daß ihre Zeitdisziplin ganz deutlich nachgelassen hatte. Zur Sache, verschreibt sie sich darum selbst und beginnt mit einer Liste ihrer täglichen und wöchentlichen Arbeiten. Verteilt die auf sieben Tage pro Woche und schreibt sich in die letzte Rubrik dazu den Zeitbedarf. Auch Garten, Einmachen, Stadtgang, Gäste oder Feste vergißt sie nicht. Mehrere Wochen will sie diesen Plan führen, damit bei ihrem Wiedereinstieg in den Beruf alles klappt. »Und vielleicht«, so hofft sie in ihrem Innersten, »bleibt auch noch ein wenig Zeit für mich und meine Hobbies«.

Der härteste Brocken, das war ihr klar, würde ihr eigener Ehemann werden. Aber das Gespräch mit ihm verschiebt Gabriele B. auf den nächsten Abend. Heute kommt er nicht vor 22 Uhr nach Hause.
Kopfzerbrechen allerdings bereitet ihr noch ein letztes Thema auf ihrem Organisationspapier: Notfälle. Was tun, wenn das Kindermädchen krank wird? Ihre eigene Mutter ist zwar jederzeit zum Babysitten bereit – sie wohnt auch in der gleichen Stadt, aber 30 Minuten mit

dem Auto entfernt. Eines wird Gabriele B. beim Planen und Denken klar – für alles kann gesorgt werden. Nur sie selbst darf auf keinen Fall ausfallen. Da würde dann ihr ganzer toller Plan total zusammenbrechen. Ein Schmunzeln kann sie sich nicht verwehren, während sie Stifte und Blätter in den kleinen hellen Klappschreibtisch räumt: Da würden dann alle merken, was sie an mir hätten ... Ganz schnell aber schiebt sie dieses Gefühl wieder weg. Morgen geht sie erst mal in ihre Schule, um mit dem Direktor über die Zahl der Stunden und die Einsatzbereiche zu reden. Günter ist immer noch nicht zu Hause. Das würde sich auch ändern müssen.
Zurück zur Schule: Tatsächlich, Günter erweist sich als der schwierigste Stein, den Gabriele auf ihrem Weg zurück in die Schule wegräumen muß.
Es war ihm zwar immer klar, daß seine Frau mit drei Kindern wieder arbeiten wollte – aber jetzt, mit fünf? Auf das Nachhaken seiner Frau räumt er schließlich ein, daß er auch große Angst hat, daß der Haushalt zusammenbricht, daß die Kinder vernachlässigt werden und daß vor allem er, ihr Ehemann, die Rechnung zu bezahlen habe, wenn sie »sich schon unbedingt emanzipieren wolle«.
In dieser Nacht schläft Gabriele schlecht. Sie hat Schuldgefühle, sinniert, ob sie vielleicht doch lieber ganz zu Hause bleiben soll. Jetzt weiß sie auch, daß sie vorerst mal von ihrem Mann keine allzu große Unterstützung erwarten kann. Augen zu und durch scheint der einzige Weg. Und: Es werden sich schon noch gemeinsame Wege finden, wenn Günter erst merkt, daß zum einen alles läuft, zum anderen Gabriele viel ausgeglichener und fröhlicher ist. Ganz zu schweigen vom eigenen Geld.
Gegen morgen schläft sie dann doch zufrieden ein. Um

zehn will sich die erste Anwärterin auf den Kinderbetreuungsposten vorstellen. Eine von den 21 Bewerberinnen wird es dann schon sein, für 1400 Mark netto im Monat. Neben freier Kost, Sozialversicherung und einer Zugehfrau.

Während Gabriele keine großen »Nachhilfestunden« in ihren Fächern für den Wiedereinstieg ansetzen muß, ist es für die meisten Frauen nach der Familienpause ratsam und richtig, Weiterbildung zu betreiben. Schon um bei einer Bewerbung dem Vorurteil Nummer Eins der männlichen Arbeitgeber zu kontern: Durch eine lange Pause hätte sie, die Frau, den Anschluß an den Beruf verpaßt. Schließlich hat auch der Gesetzgeber dieses Problem erkannt: »Mit dem Arbeitsförderungsgesetz werden alle Maßnahmen gefördert, durch die berufliche Kenntnisse und Fertigkeiten festgestellt, erhalten, erweitert oder der technischen Entwicklung angepaßt werden.« So heißt das im Beamtendeutsch. Außerdem muß sich die Antragstellerin verpflichten, im Anschluß an die Bildungsmaßnahme eine »beitragspflichtige Beschäftigung« aufzunehmen. Im Klartext: Sie muß danach tatsächlich arbeiten gehen. Wer sich mit den ganzen Fachausdrücken schwer tut, der kann sich beim Arbeitsamt, bei den Beratungsstellen oder bei den Gleichstellungsstellen die Informationen holen. Denn die bestmögliche Förderung kann nur der Fachmann individuell zusammenstellen.
Leider, das zeigen die Zahlen, beteiligt sich nur eine vergleichsweise kleine Gruppe der Berufsrückkehrerinnen an Weiterbildungsmaßnahmen beim beruflichen Wiedereinstieg. Für 46 Prozent der Frauen ist es eine Frage der Zeit. Diese Frauen knapsen sich schon die Zeit zum Arbeiten ab, mit allen anderen Familienaufgaben bleibt

für Fort- und Weiterbildung kein Raum. Erstaunlicherweise geht das nur 11 Prozent der Männer so. An zweiter Stelle nennen Frauen das Alter als Barriere zur Weiterbildung. 21 Prozent rechnen sich auch ohne diese Maßnahmen ganz gute Chancen im Beruf aus.

Bei Gabriele B. laufen inzwischen die Vorbereitungen für den ersten Schultag auf Hochtouren. Eine freundliche Kinderfrau aus der Kirchengemeinde kommt schon acht Tage vorher zum Eingewöhnen. In dieser Zeit erledigt die Lehrerin dann auch die letzten Dinge außer Haus: neue Garderobe für alle fünf Kinder, Schulsachen, selbst ein paar neue Klamotten, weil sie vor der Klasse und dem Kollegium auch ein wenig fesch aussehen will. Die drei Großen übernehmen schon mal als »heiße Probe« für Taschengeldaufbesserungen die geplanten Hausarbeiten. Die größte Überraschung jedoch liefert der eigene Ehemann: Er verspricht, wenn er in München zu tun habe, stets schon um 16 Uhr 30 zu Hause zu sein und seiner Frau in dieser Zeit die Kinder abzunehmen. Damit sie dann korrigieren und sich auf den nächsten Tag vorbereiten könne.

Sie hatte viel geschafft. Doch wieder einmal schläft die junge Frau schlecht: in der Nacht vor ihrem zweiten »ersten Schultag«. »Günter schläft neben mir bombenfest. Wie immer. Männer, das war mein letzter Gedanke, sind eben doch ganz anders.«

Besser als gedacht vergeht das erste Jahr der Lehrerin Gabriele B. Die größeren Kinder sind froh um die Aufbesserungen ihres Taschengeldes. Günter freut sich riesig, daß er die beiden Zwillinge so ganz nah erleben kann.

Und bei Gabriele selbst erwächst ein neues Selbstbewußtsein und Eigenwertgefühl. Vor den Sommerferien mit allen fünfen meldet sie die Zwillinge im Kindergarten um die Ecke an. Dann, so die Planung, ist auch die Kinderfrau nicht mehr nötig. Günter regt sich zwar immer noch manchmal auf, wenn ihm nicht ordentlich genug Staub gewischt ist oder kein warmes Essen bereitsteht. Aber seine Ehefrau hat gelernt. Sie ärgert sich nicht mehr, läßt auch keine Schuldgefühle mehr zu. Sie packt Staubtuch oder Staubsauger und drückt das Teil ihrem Günter kommentarlos in die Hand. Inzwischen sogar schon mit einem Grinsen im Gesicht. Oder sie rät ihm, doch mal die größeren Töchter oder den Sohn zu fragen, ob sie denn nicht etwas zu essen kochen würden. Gabriele wundert sich nur, daß er die Hilfe der beiden Töchter zwar gerne annimmt, den inzwischen 12jährigen Maximilian aber noch nie darum gebeten hat. Da holt er sich dann doch immer selbst den Kochtopf aus dem Schrank.

Aber: Auch Chaoswochen hat sie verbracht. Tage, an denen sich Gabriele schon morgens um 8 Uhr sagte, daß sie ihr Tagespensum eigentlich schon hinter sich habe. Windpocken, Scharlach, Masern und Mumps, so heißen die wahren Freunde einer berufstätigen Mutter.
Gut eingepackt wurden in diesen Zeiten die Zwillinge zur Großmutter in einen anderen Stadtteil gefahren. Mit schlechtem Gewissen und einem dicken Kloß im Magen abgegeben, zurück in die Schule gehetzt, und das gleiche rückwärts am Nachmittag.

Heute sind die Zwillinge fünf. Im Herbst kommen sie in die Schule. Heute sagt die 14jährige Tochter Stefanie, sie würde es später nie so machen wie ihre Mutter. So dumm sei sie schließlich nicht. Sie würde nie so wenig Zeit für sich selbst haben wollen.

Mutter Gabriele verbucht solches unter dem Konto Pubertät und Ablösung von den Eltern. Schließlich plante auch sie einst einen ganz anderen Weg als die Mutter. Nur – daraus wurde nichts. Ganz im Gegenteil; Gabrieles Weg ähnelt dem ihrer Mutter auffallend. Auch sie war Lehrerin, und sie hatte vier Kinder. Nur ist ihre Mutter nicht wieder zurück in den Beruf gegangen.

Gabriele ist's zufrieden. Mit 14 Lehrstunden pro Woche, der gleichen Zeit als Vorbereitung, fühlt sie sich ausreichend gefordert. Wenn ihr Stundenplan ungünstig liegt, bringen die Großen die Kleinen in den Kindergarten. Ärger gibt es immer nur, wenn die Mutter auch abends noch Termine wahrnimmt. Zum Beispiel in Pfarrgemeinderatssitzungen, an Elternabenden, in Arbeitskreisen. Da maulen die Zwillinge und die Großen schmollen. Selbst die Anwesenheit des Vaters ist da kein Ausgleich. Der sitzt dann nämlich total fasziniert vor seinem Computer. Aber das Lehrerjahr hat ja zwölf Wochen Ferien zu bieten, und in dieser Zeit, so tröstet sich Gabriele, ist sie dann ausschließlich für ihre Familie da. Also doch ein schlechtes Gewissen? Sie schüttelt energisch die jetzt blonde, kurzgeschnittene Frisur. »Selbst, wenn man daheim ist und sich nur um die Kinder kümmert, wird es zu einem Punkt kommen, wo es falsch ist.« Sicher, das schlechte Gewissen sei lange Zeit in ihr drin gewesen. Heute, sagt sie den Kindern, sei es ihre Sache, ihr Leben, die Schule zu pakken. Sie für ihren Teil habe schließlich das Thema Schule schon hinter sich gebracht. Und schließlich, was bringe ihnen denn eine grantige Mutter im Gegensatz zu einer, die positiv und ausgeglichen sei?

Sehr selbständig seien die Kinder geworden, das gefiele ihm, erzählt Günter, der Vater. Seine Frau sei halt keine solche Glucke, die ihre Brut überversorgt. Es klingt ehrlich erstaunt, wenn er das so formuliert. Vor einem Monat sind die beiden zum ersten Mal ein Wochenende alleine verreist. »Da sind die Kinder super zurechtgekommen.«

So, wie es ist, hat Gabriele keine Ängste vor dem Tag, an dem ihre fünf Kinder aus dem Haus gehen. Auch befürchtet sie nicht, für ihren Mann nicht eine lebendige, interessante Partnerin zu bleiben, die immer auch genau weiß, was draußen in der Welt vor ihrer Haustür so los ist. Nichts bereut sie, nichts will sie ändern. Sie erinnert sich noch genau an den Schock über die Nachricht der vierten Schwangerschaft und daß es Zwillinge werden würden. »Jaja«, sagt sie leise, »manchmal sind die ungeplanten Kinder die, die einem dann ausschließlich Freude machen.«

Meine Freundin

Sie verdient ihr Geld auf dem Drogenstrich und ich im Verlag

»Mit 15 wurden wir Freundinnen. Mit 16 hingen wir beide an der Nadel. Zehn Jahre später verdiene ich mein Geld in einem Verlag, meine Freundin als Prostituierte auf dem Drogenstrich. Unsere Freundschaft war aber in dieser ganzen Zeit nie in Frage gestellt.«

Katharina ist seit Tagen unruhig. Sie hat gehört, daß ihre Freundin Susanne von ihrem Freund vor die Tür gesetzt worden ist. Wo sie wohl steckt, vor allem nachts, diese Gedanken schwirren ständig in Katharinas hübschem schwarzhaarigen Pagenkopf herum. Denn ihre Freundin hängt seit zehn Jahren an der Nadel, und sie hat verdammte Angst um sie. Aufgeregt ruft sie im Obdachlosen-Asyl am Bahnhof an. Nein, eine Auskunft könne man ihr dort nicht geben. Aber sie dürfe eine Nachricht hinterlassen. Zwei Tage später ein Hilferuf auf ihrem Anrufbeantworter. Susanne will dringend mit ihr reden. Wo? Abends in einer der U-Bahn-Stationen am Hauptbahnhof, wo sie auf einer Bank übernachtet.

Noch am selben Abend klappert Katharina alle Bänke in den U-Bahn-Stationen ab. Fast auf jeder kauern in Dekken und Schlafsäcken vermummte Gestalten. Sie muß ganz nahe herangehen, um ein Gesicht zu erkennen. Daß dieses schlanke, hübsche Mädchen nicht auf der Suche nach einem Schlafplatz ist, scheint allen klar. Darum treffen sie eher mißtrauische Blicke. Sie spricht ein junges Pärchen an. Der Typ ist abgemagert und fertig, hat aber wache Augen. An seiner Schulter lehnt eine Frau, die sich immer wieder für ein paar Sekunden aufrichtet, um dann wieder lallend in sich zusammenzusinken. Dennoch eine erste Spur zu Susanne. Die beiden sagen, daß sie sie heute noch »auf der Szene« gesehen hätten. Wo sie jetzt stecke? Das wissen sie auch nicht. Der Kopf der Frau fällt endgültig auf die Schulter des Typen. Am nächsten Tag findet Katharina ihre Freundin. In der U-Bahn-Passage, wo sich im Winter die Drogenszene trifft. Sie fallen sich vor Freude in die Arme. Stolz stellt Susanne ihren Kumpels die Freundin vor. Das scheint aber niemanden zu interessieren. Susanne will mit Katharina nach Hause gehen. Sie muß aber vorher noch ein »pack klarmachen«, damit sie keine Entzugserscheinungen bekommt. Arm in Arm gehen die beiden heim zu Katharina. Es ist nicht das erste Mal.

»Wir haben uns kennengelernt, da waren wir beide 15 Jahre alt. Aufgefallen ist sie mir in der Raucherecke im Schulhof. Susanne war neu an unserem Gymnasium. Blonde, wuschelige Haare, hellwache, blaue Augen, eine zierliche, kleine Person. Sie hatte so etwas Beschützenswertes an sich. Wir entdeckten Gemeinsamkeiten; die ersten Zigaretten auf dem Schulklo, die ersten Joints. Immer in die falschen Typen verliebt und ständig Zoff zu Hause. Ich war bereits ausgezogen und Susanne auf dem Sprung. Und immer diese Angst, ob nicht doch noch das Jugendamt kommt und dazwischenfunkt. In meiner eigenen Familie herrschte das absolute Chaos. Mein jüngerer Bruder war schon im Heim, die Schwester abgehauen nach England. Die Ehe meiner Mutter und meines Stiefvaters wurde gerade geschieden. Meine Mutter trank wie verrückt, und für mich bestand mein einziger Halt in der Schule. Da ging ich gerne hin, da war auch Susanne, mit der ich über alles reden konnte. Mit der ich die Weinflaschen und die Joints teilte und am Wochenende die Trips. Das gehörte so dazu. In puncto Drogen war ich ihr aber schon eine Nasenlänge voraus: Ich hing zwar nicht an der Nadel, hatte mir aber schon hin und wieder Heroin gespritzt.«

Da sitzen sie jetzt beide in Katharinas Küche, bei einer Tasse Kaffee und einer Dose Bier. Reden von alten Zeiten und dem Jetzt. Den Lichterketten gegen Ausländerhaß, bei denen Susanne in zwei Städten dabei war. Von der Ohnmacht der Politik und den Rechtsradikalen. Katharina staunt immer wieder, was ihre Freundin alles weiß, trotz ihrer Drogensucht und der Prostitution. Sie habe in der letzten Woche gut Kohle gemacht und sich dafür ›Hundert Jahre Einsamkeit‹ von García Márquez gekauft. Katharina denkt immer, wenn sie ihr so gegenübersitzt, daß etwas ganz Tolles aus ihr hätte werden können, wenn sie nicht diesen Vater gehabt hätte. Susanne hat einen Berg Probleme, bei genauem Hinsehen kaum eine Zukunft, und was macht sie? Sie fragt Katharina, wie es ihr in ihrem Job gehe, ob sie zur Zeit verknallt sei und was sie überhaupt so fühle. Das hat Katharina schon lange niemand mehr gefragt. Ihr laufen ein paar Tränen über die Wangen. Auch aus Trauer um diese tolle Freundin.

»Als wir uns kennenlernten, hatte aber nicht nur ich Streß mit meiner Mutter, sondern auch Susanne mit ihrem Vater. Ihre Eltern hatten sich früh scheiden lassen. Zuerst wohnte Susanne mit ihrer Schwester bei der Mutter, die bald wieder heiratete. Doch mit dem neuen Mann ihrer Mutter hatte das Mädchen immer wieder Ärger. Mit zwölf kommt sie in ein Internat, wo es ihr besser gefällt als zu Hause. Sie ist dort die Jüngste in einer Mädchenclique, in der schon gekifft und mit Jungs 'rumgeknutscht wird. Eines Tages gerät der Mutter Susannes Tagebuch in die Finger. In einer Nacht- und Nebel-Aktion holt sie Susanne ab und verklagt die Internatsleitung. Susanne muß allein zum Rechtsanwalt ihrer Mutter gehen. Der hatte ebenfalls ihr Tagebuch gelesen – mit Susannes ersten sexuellen Erfahrungen. Bei dem Rechtsanwalt war dann ›irgendwie was‹. Aber darüber wollte sie auch mit Katharina nie sprechen. Susanne kam dann zu ihrem Vater. Der war 68er Architekt und hatte ein Regal voller Pornos. Mit seiner Tochter machte er ein geheimes Zeichen aus: Brennen beide Lampen im Wohnzimmer, ist er allein. Brennt nur eine, ist eine der Kontaktanzeigen-Damen da.

Das war auch ganz lange ein Tabu-Thema zwischen uns. Jedenfalls hatte ich das Glück, nachdem mich mein erster Freund oft schlug, mit ein paar Studenten in einer Landkommune unterzukommen. Die waren schwer okay, haben natürlich gerafft, was mit mir los war. Ich konnte da erst mal wohnen, ohne Miete zu bezahlen und vor allem weiter zur Schule gehen. Meine Noten waren ganz ordentlich, so immer Zweien und Dreien. Susanne und ich hatten viele Kurse gemeinsam, und irgendwann zog sie bei ihrem Vater aus und bei uns auf dem Land ein. Dem

Vater war das damals nur recht gewesen. Mir ist noch so gut in Erinnerung, daß wir im Sommer oft im Freien unter einem Unterstand übernachtet haben, das war unheimlich schön. Da lagen wir dann nebeneinander und haben oft eine ganze Nacht nur geredet. Das war auch die Zeit, in der wir unsere erste Italienreise ausgemacht haben, in den großen Schulferien, das war jetzt klar.«

Nach Italien zieht es die beiden Mädchen, in das Land, wo die Zitronen blühen. Mit ganz wenig Geld in der Tasche trampen sie Stunden nach der Zeugnisausgabe gen Süden. Sie landen fürs erste an der Riviera, lernen mit zielsicherem Blick zwei knackige Italiener kennen, die an der Nadel hängen. Bei Katharina dauert es ganze zwei Tage, bis sie auch wieder dabei ist. So wie sie vorher eine »Wochenend-Fixerin« blieb, gönnte sie sich jetzt einen »Heroin-Urlaub«. Als ihr Geld zur Neige geht, fängt sie an zu dealen und verdient sich so ihre »packs«. Schließlich kennt sie sich schon aus in dem Urlaubsort und kann allen Neuankömmlingen schnell zu einem Joint verhelfen. Da springt dann immer auch etwas für Katharina heraus. Susanne erlebt das alles mit, auch Katharinas Schwärmerei, wie super sie sich nach einem Druck fühle. Und eines Abends passiert es: Susanne kommt mit Pupillen, so klein wie Stecknadelköpfe, auf ihre Freundin zu. Sie hat sich ihren ersten Druck gesetzt. Katharina reagiert empört, entsetzt, panikartig. Schließlich, das wird ihr bewußt, hat sie mit Susannes Druck ganz viel selbst zu tun. Sie ist stocksauer auf ihre Freundin, wütend auf sich selbst. Die Mädchen verkrachen sich böse. Katharina schüttelt sie, redet auf sie ein, daß sie das lassen soll. Aber Susanne ist richtig gut drauf und geht mit ihrem italienischen Freund auf und davon. Eine deprimierte Katharina trampt alleine zurück nach Deutschland, zurück in die Schule, in ihren nach außen hin so ganz normalen Alltag.

»Ich mochte an Susanne, daß sie einen tollen Charakter hat. Sie war ein provozierender, aber auch ein sehr geradliniger Mensch. Selbst als sie schwer heroinsüchtig war, bewahrte sie ihren Stolz, ihre Interessen. Wenn sie in der U-Bahn schlief, holte sie sich den Spiegel und las den. Außerdem war sie immer eine unheimlich treue Person, wenn sie auch nicht immer gleich ihre Gefühle zeigte. Wir sahen uns oft Monate nicht, aber unsere Freundschaft war in all den Jahren nie in Frage gestellt. Was wahnsinnig schwierig war, weil wir heute in absolut unterschiedlichen Lebenssituationen sind, das zeigt sich immer mehr. Ich habe meine Arbeit, meine Wohnung, mein Geld. Sie ist obdachlos, kriegt gerade mal ihre Sozialhilfe und spritzt.«
Katharina formuliert es immer und immer wieder: Die Freundschaft war nie in Frage gestellt. Genauso sagt sie es, mit diesen Worten. Nach dem Italien-Fiasko sehen sich die beiden Freundinnen monatelang nicht. Die eine geht brav in die Schule und kifft am Wochenende, die andere schmeißt die Schule und trampt mit irgendwelchen Typen durch Europa. Der Vater von Susanne schüttelt sich mit einem »Ich hab's ja immer schon gewußt« und setzt weiter Kontaktanzeigen als »alleinerziehender Vater« in die Zeitung. Als es kalt wird in Europa, taucht auch Susanne wieder auf. Auf dem Schulhof. Katharina fällt ihrer Freundin glücklich um den Hals. Alles ist vergessen, und Susanne quartiert sich bei Katharina ein. Mit einer alten Nähmaschine, auf der sie für die büffelnde Freundin erstmal Vorhänge und Tischdecken, Sets, Handtücher und sogar Röcke näht. Abends jobbt sie in

Kneipen, damit die Kohle nicht ausgeht. Die beiden fühlen sich pudelwohl in Katharinas Ein-Zimmer-Wohnung. Zwar kiffen und trinken sie oft und viel, aber von der »harten Szene« halten sie sich fern. Bis einige der Uralt-Freunde anfangen, sich wahllos Valium, Kokain und auch Heroin zu spritzen. Katharina fällt um und ist zumindest am Wochenende wieder voll dabei in der Szene. Und Susanne natürlich auch.

»Die hatte immer ganz chaotische Männergeschichten. Tagsüber lebte sie das Leben einer Hausfrau, die auf den Mann – das war ich – wartete. Sie wußte schon genau, daß alles aufgeräumt sein mußte, wenn ich von der Schule nach Hause kam. Daß ich eben eine gewisse Ordnung liebte. Irgendwie schien sie auch ein wenig eifersüchtig auf meine Schule zu sein, denn nach einem kurzen Berlin-Intermezzo mit einem total ausgeflippten Typen wollte sie auch wieder auf die Schule und wie ich Abitur machen. Aber vor den vielen bürokratischen Hürden hat sie dann kapituliert. Sie hat mir damals furchtbar leid getan. Was wäre aus ihrem Leben geworden, wenn ... Jedenfalls konnte ich ihr damals in ihrem Frust auch nicht mehr helfen. Sie zog mal wieder zu einem Knaben, diesmal einem Italiener – Fixer und Autoknacker. Gemeinsam ließen sie dann nichts aus, was alle Junkies so anstellen. Ich kann mich noch gut an die unzähligen Prozesse erinnern, an die Berge von Rechnungen, Mahnungen, an die Besuche des Gerichtsvollziehers. Ich hatte oft die Nase voll von dem ganzen Mist. Aber irgendwie wollte ich sie nicht alleine lassen, ich fühlte mich auch verantwortlich für sie, fast schuldig an ihrer Heroinsucht. Denn im Gegensatz zu Susanne fühlte ich mich damals als absoluten Herrscher über meine eigenen Süchte. Bis mir dann das mit der Überdosis passierte.«

Die Lehrer von Katharina werden von diesen letzten Jahren vor dem Abitur erzählen, daß das Mädchen engagiert über Kafka diskutieren konnte, hervorragend Latein übersetzte und stets freundlich und hilfsbereit war. Aber auf Dauer kommt die jetzt inzwischen 19jährige mit ihrem Doppelleben nicht mehr zurecht. Kaum liegt die Schultasche in der Ecke, muß sie sich betäuben. Egal mit was. Mit Tabletten, Alkohol oder mit Joints. Irgendwas, was ihr als erstes über den Weg läuft. Sie beginnt, auch vor den Prüfungen einen Whisky zu kippen. Ihre Sucht, sonst auf die Wochenenden beschränkt, gerät außer Kontrolle. Katharina redet mit einem Klassenkameraden. Auch, weil sie Susannes Leben vor Augen hat. Der hört zu und schickt sie zum Drogenberater der Schule. Der wiederum räumt ein, überfordert zu sein. Was ihm einfällt, sind wöchentliche Gespräche, aber bitte erst nach den Osterferien. Katharina fällt mit dem Ferienbeginn in ein tiefes Drogenloch. Freunde bringen regelmäßig Nachschub aus Holland und lassen ihr ausreichend zukommen. Einmal will sie sich nach der ersten Runde noch einen zweiten Schuß setzen, kocht sich die kleinen Wattefilter aus und spritzt. Dann kippt sie um. Im Krankenhaus meinte sie sich auf die Schweigepflicht der Ärzte verlassen zu können – dem war aber nicht so. Denn das dritte Mädchen neben Susanne und Katharina war inzwischen gestorben. Katharina hatte also noch Glück gehabt. Die Panik bleibt. Auf dem Schulhof taucht das Rauschgiftdezernat auf. Die Lehrer geben sich entsetzt. Anklage wegen Vergehens gegen das Betäubungsmittelgesetz. Susanne haut in dieser Zeit mal wieder ab, nach Italien.

Katharina muß ein paar Sozialstunden machen, dann wird das Verfahren eingestellt. Der Richter will ihr schließlich nicht das Abitur vermasseln. Ganz fest prägt sich ihr ein, daß sie sich radikal von allen alten Typen distanzieren muß, sonst bekommt sie die Kurve nie. Auch von Susanne, was ihr schwerfällt.

»Ich saß gerade mal wieder über Physik, als mich eine Frau anrief. Ich kannte sie nicht. Susannes Sachen sollten alle weggeschmissen werden, weil sie weder die Miete bezahlt hätte noch wieder aufgetaucht sei. Ich dachte, da holt sie mich auch mal wieder ein, meine eigene Geschichte. Also fuhr ich zu dieser Frau und war ganz schön schockiert, was da so alles in Susannes Keller herumlag. Alles, was sie mit ihrem Freund so geklaut hatte und jetzt anscheinend nicht mehr brauchte. Ich sagte der Frau, daß sie tatsächlich alles wegwerfen sollte. Auch ich wüßte nicht, wo Susanne heute stecke, und schließlich sei da sowieso schon alles zu spät. Ganz langsam bin ich damals durch die Straßen nach Hause gegangen. Habe mir immer vorgestellt, wo Susanne jetzt lebt, wie es ihr geht. Habe sie in einem kleinen ordentlichen Häuschen gesehen, mit einem netten Mann. Ganz warme Gefühle hatte ich für sie und glücklich war ich, daß es sie gab. An die Realität wollte ich lieber nicht denken. Daß sie nichts hatte, an dem sie sich festhalten konnte. Daß ihr Vater nichts mehr von ihr wissen wollte. Daß ihr damaliger Freund Carlo dem toten Mädchen, wie uns allen, den Stoff besorgt hatte und in ganz Europa mit Haftbefehl gesucht wurde. Daß sie wahrscheinlich immer noch und unverändert an der Nadel hing. Ich sah sie damals in Gedanken nur glücklich in einem kleinen Haus. Was, wie ich später erfuhr, gar nicht so verkehrt war.«

Katharina, voll beschäftigt mit ihrer eigenen Therapie, legt ein hervorragendes Abitur hin. Geschult vom Kampf um die ihr zustehende finanzielle Unterstützung ihres Vaters, stellt sie nach dem Abitur Antrag auf soziale Härte. Das bringt ihr einen Notendurchschnitt von 1,8. Damit kann sie sich in Tübingen immatrikulieren. Weit weg von ihrem bisherigen Umfeld. Ihr Fach wird die Kommunikationswissenschaft, und die Zeit mit Susanne scheint ihr Äonen von Lichtjahren entfernt. Aber auf einem kleinen Zettel schreibt ihr Susannes Schwester die neue Adresse der Freundin auf: Sardinien.

Erst drei Jahre später sehen sich die beiden Mädchen wieder. Katharina besucht ihre Freundin in den Semesterferien auf der italienischen Insel. Susanne geht es dort gut und schlecht zugleich. Sie lebt mit Carlos Mutter und seinen Geschwistern zusammen, hat endlich eine Familie. Gleichzeitig aber ist sie zusammen mit ihrem Freund hoffnungslos dem Heroin verfallen. Hat kein Geld, keinen Beruf und keine Zukunft. Sie vernachlässigt sich körperlich, läuft in den letzten Klamotten herum, läßt sich richtig gehen. Doch ihre kleine neue Familie bietet ihr auch wiederum einigen Halt. Katharinas Gefühle sind hin- und hergerissen. Nächtelang redet sie auf ihre Freundin ein, wieder zurück nach Deutschland zu kommen, noch einmal einen Versuch zu wagen, eine Berufsausbildung zu beginnen. Auch Susannes Schwester reist auf Sardinien an, versucht, sie zu beeinflussen. Nachts hält dann Carlo sie fest und will sie nicht weglassen aus seinem Leben. Schließlich packt sie doch die Koffer. Mit schwerem Herzen, eher überredet als überzeugt.

»Ich war damals richtig glücklich und ganz sicher, daß es genau das richtige und beste war für meine Freundin. Ich besorgte ihr die Lehrstelle als Restaurantkauffrau und habe sie bei ihrer Schwester untergebracht. Denn bei mir war harte Arbeit angesagt, da häuften sich die Seminarscheine, die anstehenden Prüfungen. Sooft es ging, fuhr ich in Susannes Stadt und war mit ihr zusammen. Aber nach drei Monaten hing sie wieder an der Nadel. Machte dennoch erstaunlicherweise die Lehre zuende. Am letzten Tag ließ sie dann die ganze Kasse mitgehen. Ich war total fertig, als ich das hörte. Schließlich hatte ich ihr ja die Stelle besorgt. Aber die Besitzer haben damals Susanne nicht mal angezeigt, weil sie sie so gerne mochten. Sie war auch immer ein ganz besonders liebenswerter Mensch. Jeder schließt sie sofort ins Herz. Ich kam jedenfalls furchtbar ins Grübeln, neben meiner Abschlußprüfung, ob es denn so richtig gewesen war, sie da aus Sardinien herauszuholen. Sie schien mir damals zwar einerseits ohne Perspektive, aber auch auf der anderen Seite, so zum ersten Mal richtig zu Hause. Mit einer Mutter, mit vielen Geschwistern.«

Katharina geht immer konsequenter ihren Weg ins Berufsleben. Von Susanne hält sie sich bewußt fern. Manchmal erzählt ihr die Schwester, daß bei ihr jetzt das Chaos so richtig ausgebrochen sei. Zu Hause hängt sie »breit« herum, so daß sich die Freunde darüber furchtbar aufregen. Susanne selbst kann diese Anfeindungen nicht ertragen und zieht mal wieder aus, jetzt in ein kleines Apartment. Sie lebt von Sozialhilfe. Als sie erfährt, daß Katharina nach all ihren Prüfungen einen Italien-Urlaub plant, will sie unbedingt mit. Katharina und eine Kommilitonin hätten ganz bestimmt nichts mit ihr zu tun, verspricht sie hoch und heilig. Aber die Mädchen haben keine Lust, ihren Urlaub mit einer Heroinsüchtigen zu verbringen und sagen nein. Schließlich haben sie ihr Studium in der Rekordzeit von acht Semestern absolviert, nebenbei die Hälfte der Studienzeit halbtags gejobbt. Katharina ist zwar weg von den Drogen, trinkt aber viel. Abends so mal zwei Bier oder einen Kiff oder auch mal eine halbe Flasche Whisky.

»Als ich aus diesem dreimonatigen Urlaub zurückkam, hatte ich noch nicht die Koffer ausgepackt, da saß Susanne schon bei mir in der Küche. Blaß, schmal, die einst fülligen Haare hingen in Strähnen auf die Schultern. Die Klamotten machten auf mich einen total schmuddeligen Eindruck, obwohl wir nach so vielen Wochen rund ums Mittelmeer auch nicht unbedingt die saubersten Sachen trugen. Susanne hat damals gar nicht lange herumgeredet. Ob wir ihren alten Freund Carlos und seine Familie besucht hätten, wollte sie wissen. Und ob es stimme, daß er jetzt eine neue Freundin hätte. Ich hab' mich damals gefragt, woher sie das wußte. Wir waren nämlich tatsächlich bei ihm auf Sardinien gewesen, hatten Zoff mit der neuen Freundin bekommen, die einen riesigen Aufstand wegen unseres Besuches machte, so daß wir dann ganz schnell wieder weiter sind. Aber Susanne quetschte mich nach allen Einzelheiten aus und fing zum Schluß sogar noch das Heulen an. Dann erzählte sie mir noch von einem Griechen, bei dem sie jetzt wohnen würde. Sie konnte mir damals kaum erklären, warum sich der so um sie kümmerte. Er war drei Jahre jünger als sie, drogenfrei, Nichtraucher, Antialkoholiker. Er wollte auch nicht mit ihr schlafen, obwohl sie nur ein Bett hatten. Heute glaube ich, der hatte so ein Helfer-Syndrom, der hat sich damals daran hochgezogen, wie schlecht es Susanne ging. Ein Jahr später hat er sie dann doch vor die Türe gesetzt, weil er sich verliebt hatte. Das war dann das Krasseste: Jetzt war Susanne endgültig obdachlos.«

Die Arbeitslosenhilfe von Susanne reicht noch nicht einmal zum Leben, geschweige denn für die immer dikker werdenden Heroinpäckchen. Für Einbrüche hat sie keine Nerven, auch das Dealen wird immer riskanter. Sie hat höllische Angst vorm Knast. Eines Tages erklärt ihr einer aus der Szene die Regeln des Auto-Strichs. Das ist dann der Moment, wo sich die beiden Freundinnen nach einem Jahr wiedersehen. Unten in der U-Bahn und später bei Katharina zu Hause. Männern einen »blasen« – »gefühlsecht« ohne Gummi, versteht sich – Susanne macht das jetzt für Geld. Das Sperma spuckt sie aus der Autotür oder in den nächsten Aschenbecher. »Gebumst« sagt sie, wird nur mit Gummi. Und: Noch nie in ihrem Leben hat sie einen Orgasmus gehabt.

»Ich fragte sie, wie sie die hechelnden Leiber auf sich ertragen könne. Da knalle sie sich vorher den Kopf zu, erzählte sie damals ganz cool. Manchmal würde sie morgens mit einem Packen Hunderter in der Tasche aufwachen und beim besten Willen nicht wissen, wann und von wem sie die bekommen habe. Sie packe alles eben nur mit großen ›packs‹, Psycho-Pillen und Bier. Sicher, sie habe sich vor einem Jahr um eine stationäre Drogentherapie beworben. Die hat sie dann aber nach ein paar Monaten wieder geschmissen. Schon am ersten Tag draußen habe sie sich schon wieder einen Schuß gesetzt und sich das nötige Geld auf dem Auto-Strich verdient. Aus den Obdachlosenunterkünften – in der Stadt gab es zwei – sei sie auch schon 'rausgeflogen. Da habe sie halt doch mal auf dem Zimmer einen gedrückt. Und das sei eben verboten gewesen. Je länger ich ihr zuhörte, umso schlechter wurde es mir. Susanne wirkte dagegen ganz gelassen und abgebrüht. Auch als sie mir mit kargen Worten von ihrem Kampf um die nächtlichen Schlafplätze in der U-Bahn erzählte. Gemeinerweise habe die Stadt die Bänke gegen Schalensitze ausgetauscht, da könne sie jetzt auch nur noch schwer pennen. Ich sah sie fassungslos an. Sicher, allmählich hörte sich ihre Stimme recht verbraucht an. Aber trotz allem Äußeren ist sie im Kern immer noch eine hübsche Person. Und grundaufrichtig. Jedenfalls zu mir. Ich fragte sie nämlich damals, ob sie mir nicht ein ›pack‹ verkaufen würde. Da wollte sie ohne ein Wort aufstehen, sich umdrehen und gehen. Im Treppenhaus habe ich mich dann mehrmals entschuldigt und ihr versprochen, daß ich jetzt für uns gemeinsam eine Wohnung suchen würde – vorausgesetzt, es käme nie ein Freier in unsere Bude.«

Katharina findet mit ihrem inzwischen festen Arbeitsplatz und den regelmäßigen Einkünften eine erschwingliche Zwei-Zimmer-Altbauwohnung. Die beiden Freundinnen teilen sich wieder ein gemeinsames, großes Bett, es ist fast wie früher. Aber eben nur fast. Denn Katharinas Job im Verlag ist extrem hart. Sie muß sich ganz schön konzentrieren. Daneben bleibt nicht so viel Zeit für Susanne und ihre Probleme – und die wachsen von Jahr zu Jahr an. Irgendwann wird Susanne dann verhaftet, taucht zwei Tage und Nächte nicht auf. Katharina gerät in Panik, findet sie nicht. Als sie zurückkommt, erzählt sie von einem Zusammenbruch auf der Straße, von zwei Tagen in einem Krankenhaus. Katharina fühlt sich hintergangen, erinnert sie daran, daß es nur funktioniert, wenn beide

absolut ehrlich miteinander umgehen. Sie vergißt, daß Abhängige vor allem eines nicht mehr trennen können: Dichtung und Wahrheit.
Aber Susanne will ja alles tun, um bei Katharina bleiben zu können. Ganz devot ist sie, nicht so wie früher, eine Partnerin. Wäscht die Wäsche, hängt sie auf, vergißt aber, den Wasserlauf der Maschine abzudrehen. Als Katharina heimkommt, ist bereits das Stockwerk unter ihr überschwemmt. Oder sie kommt nachts heim und legt sich einfach ins gemeinsame Bett, ohne vorher ins Bad zu gehen. Katharina beginnt sich zu ekeln. Wenn sie es ihr sagt, kommt sie sich dann aber auch wieder so gemein vor. Als sie einmal zu Hause wichtige Unterlagen vergißt und unangemeldet und überraschend nach Hause kommt, findet sie Susanne in ihren eigenen Klamotten, mit einem Typen vor der Haustür. Sie ist stocksauer. Nicht, weil sie nicht ihre Kleider hätte tragen können, nein, weil sie sie nicht gefragt hatte. Oft entdeckt sie jetzt Blutflecken an den Blusen und Pullis, weil sie die anhatte, wenn sie drückte. Das Maß ist voll, als sie eines nachts nach Hause kommt und die Wohnung fast brennt. Susanne hatte sich anscheinend etwas kochen wollen, sich vorher noch einen Druck gesetzt und war darüber ins Delirium gefallen. Die Pfanne schmorte durch, die Wohnung ist voller Qualm und Susanne liegt lallend auf dem Sofa. Die Augenlider fallen ihr zu, der Kopf sinkt nach unten und der Speichel rinnt aus dem Mundwinkel. Katharina kann nicht mehr, wird aggressiv, wirft sie trotz ihres Zustandes bei Nacht und Nebel und mitten im Regen 'raus auf die Straße. Sie ist einfach wahnsinnig wütend. Susanne kapiert natürlich gar nicht, was los ist, klopft nochmal ans Fenster, bittet um eine Decke für die U-Bahn.

»Ich weiß noch gut, daß ich mich damals erpreßt fühlte wegen der Decke. Dazu hatte ich natürlich auch ein furchtbar schlechtes Gewissen. Aber ich wußte auch, so könnte ich nicht mit ihr weiterleben. Wir sahen uns dann ab und zu. Mußten beide verdauen, was da passiert war. Aber trotz allem war uns sogar damals klar, daß die Freundschaft als solche nie in Frage stand. Sie kam dann auch oft einfach mal so vorbei. Nur zum Quatschen. Sie war auch damals immer für mich ein Mensch, dem nicht nur ich gab, sondern der auch mir viel geben kann. Unser kleines Drama schien aber doch etwas bewirkt zu haben: Sie suchte sich einen Arzt, der ihr Tabletten gegen die Entzugserscheinungen verschrieb. Ins legale Methadon-Programm kam sie damals nicht ’rein, weil man dafür zwei Therapien abgebrochen haben mußte und / oder Aids-Positiv sein sollte. Sie hatte aber nur eine Therapie abgebrochen und war Gott sei Dank auch nicht Aids-Positiv. Wenn sie mich dann mal so abends besuchte, schluckte sie immer gleich mehrere bunte Medikamente: Codeintabletten, Aufputsch- und Schlafmittel, immer in einem genau dosierten Gleichgewicht zueinander. Würde sie zu viele von den einen oder zu wenige von den anderen Pillen schlucken, bekäme sie epileptische Anfälle. Davor hatte sie panische Angst, vor allem, daß sie sich dabei eines Tages die Zunge abbeißen könnte.«

Wieder einmal betrachtet Katharina das Leben ihrer Freundin aus der Ferne. Nimmt nur durch Susannes karge Erzählungen teil. Hört, wie ihr nachts in der U-Bahn die Schuhe von den Füßen geklaut werden, wenn sie schläft. Daß das einzige, was sie regelmäßig zu sich nehme, außer Tabletten und Heroin, jede Menge Bier und ein Stück Kuchen sei. Daß ihre Arme völlig zerstochen sind und sich auf der geschundenen Haut Abszesse entwickeln. Der letzte Abszeß mußte unter Vollnarkose aufgeschnitten werden. Das Ärgste scheint es aber für Susanne zu sein, daß sie oft eine halbe Stunde braucht, bis sie eine Vene an ihrem Körper gefunden hat, in die sie noch reinstechen kann. Ihre beginnende Leberzirrhose erwähnt sie bei Katharina nur ein einziges Mal.

»Mir ging so vieles durch den Kopf, was Susanne betraf: warum dieser Selbstzerstörungstrieb, diese Mißachtung ihrer eigenen Person. Alles schien ihr damals scheißegal, auch, daß ihr zum Beispiel ein Typ Geld gab, damit sie sich auszieht und er sie total nackt aus dem Auto schmeißen kann. Mitten in der Stadt. Mitten im Winter. Das waren doch furchtbare Demütigungen, da bekam ich immer einen wahnsinnigen Haß. Aber ich wußte nach allem Gemeinsamen auch, daß ich sie nicht retten konnte. Ich wollte ihr immer wieder eine helfende Hand anbieten, wenn sie selbst etwas ändern wollte. Aber mehr konnte ich nicht. So stabil war ich auch damals nicht. Ich habe ja meine Sucht, meine schwere Abhängigkeit nur geschafft mit dieser langen Gesprächstherapie. Auch, daß mein Vater so hart gegen mich war, meine Ausbildung nicht bezahlen wollte, das hat mich motiviert. Heute weiß ich, daß ich immer noch zur Sucht tendiere. Ich rauche zum Beispiel sehr viel, habe auch einen Leberschaden. Deshalb darf ich jetzt keinen Alkohol mehr trinken. Und ich merke schon, daß ich damit ganz schön kämpfen muß. Im Gegensatz zu Susanne hatte ich aber auch jemanden in meiner Kindheit, der heute noch zu mir steht: der zweite Mann meiner Mutter, mein Stiefvater. Der war immer total nett zu mir, mit ihm habe ich heute noch viel Kontakt. So jemand fehlt ihr eben. Von ihrem Vater hat sie immer nur einen vor den Kopf bekommen.«

Katharina bewohnt heute mit Susannes Schwester eine schöne Wohnung. Obwohl sie direkt am Drogenstrich liegt. Jeden Tag sehen sie jetzt Susanne oder andere ausgemergelte Frauen über die Straße wanken. Und mit Haß, Ekel und Ohnmacht beobachten sie jeden Tag die Freier, die sich an Susanne und den anderen Fixerinnen auch noch aufgeilen. Daß sie ihr zur Zeit nicht helfen können, ist ihnen klar. Täglich lesen die beiden im Lokalteil die kleinen Notizen über die neuesten Drogentoten. Und sind froh, wenn sie trotz allem Susanne auf dem Drogenstrich wenigstens noch sehen.

Ich habe geschluckt und geschwiegen

Wie Klara K. heute mit ihrer Tablettensucht umgeht

Ihre Geschichte gibt es hunderttausendfach in Deutschland. Denn: Drei Milliarden(!) Schmerztabletten werden zu 70 Prozent von Frauen geschluckt. Hergestellt von einer Pharmaindustrie, die ausschließlich auf Gewinn orientiert ist, verordnet von Ärzten, die nicht nachdenken, und teilnahmslos akzeptiert von einer Gesellschaft, die ihre Suchtkranken verdrängt. Die Geschichte der Klara K., heute 42 Jahre alt, beginnt, wie bei allen Abhängigen, in der Kindheit.

»Ich bin seit meiner frühesten Jugend tablettenabhängig. Ich habe immer sehr mit Kopfschmerzen zu tun gehabt, Medikamente haben nichts geholfen, alles wurde damals bei mir ausprobiert. Es gab zu Hause eine Menge Probleme. Meine Eltern waren beide alkoholabhängig. Der Vater starb an Lungenkrebs, als ich acht Jahre alt war. Damit war meine Kindheit vorbei. Meine Mutter hat mich dann in die Position des Vaters gesetzt, ich mußte die Pflichten des Vaters übernehmen. Es waren ja auch noch die vier jüngeren Geschwister da. Meine Geschwister sind auch alle suchtkrank. Der zweitälteste war drogenabhängig, hat mit zwanzig Selbstmord begangen, hat sich aufgehängt. Mein anderer Bruder ist alkoholabhängig, aber seit anderthalb Jahren clean, und meine jüngste Schwester ist schwer medikamenten- und alkoholabhängig, aber da ist noch keine Einsicht vorhanden. Die ist immer noch, wie man so schön sagt, drauf.«

Ganz ruhig und sachlich berichtet Klara. Fast emotionslos. Nur ihre beiden Hände ballt sie zu kleinen Fäusten, die Daumen fest in den Handinnenflächen versteckt. Mit ihren kurzen, modisch geschnittenen Haaren, dem flotten Hosenanzug, der einen etwas übergewichtigen Körper gut kaschiert, macht sie den Eindruck einer selbstbewußten jungen Frau. Aus ihrem klaren Gesicht blicken hellblaue Augen direkt ihrem Gegenüber ins Gesicht. So wie Klara schaut, so erzählt sie auch: ohne Umschweife.

»In der Therapie ist bei mir herausgekommen, daß ich zu früh alt geworden bin als Kind, daß man mir zu früh die ganze Verantwortung aufgebürdet hat. Dazu kam die Abhängigkeit von meiner Mutter. Ich habe sie auf der einen Seite sehr geliebt, auf der anderen auch sehr starke Haßgefühle empfunden. Gerade in den Situationen, wenn sie getrunken hatte, nicht gekocht hat, nicht gewaschen, die Wohnung verkommen ließ. Und mir dann immer Sachen aufgebürdet hat, wo ich gemerkt habe, ich kann das gar nicht schaffen, das geht gar nicht. Auf der anderen Seite wollte ich sie nicht enttäuschen. Das war so wie eine stille Botschaft, die sie da an mich gegeben hatte, und die ich immer versucht habe zu erfüllen.
Aber das ging gar nicht. Meine Mutter hat auch meinen Vater immer sehr negativ dargestellt. Ich hatte an ihn nur negative Erinnerungen, zunächst. Aber in der Therapie bin ich dahintergekommen, warum das so war. Die Ehe zwischen den beiden war zum Schluß nicht sehr glücklich. Die Therapeutin hat versucht mir zu erklären, daß mein Vater und ich eine Beziehung zueinander hatten. Ich hab' zum Beispiel mehr von meinem Vater als ich gedacht habe. Und ich habe Frieden geschlossen mit meinem Vater. Heute weiß ich, daß er ein sehr toleranter

Mensch war, auch anderen gegenüber, sehr viel mehr als meine Mutter. Alles, was ihr nicht so entsprach, was andersartig war, hat sie sehr negativ beurteilt. Ich konnte zum Beispiel als Kind nie verstehen, warum ich mit einer Schulkameradin, die evangelisch war, nicht spielen durfte. Oder daß man immer nur eine ganz bestimmte Partei wählen durfte.

Dennoch: Ich habe immer das Gefühl gehabt, daß mein Vater mich nicht mag. Das hat er auch mal gesagt. Das bleibt haften. Ein Beispiel: Ich mochte keinen Rosinenkuchen essen, das hab' ich auch gesagt. Er schimpfte: Du ißt ihn aber. Ich wieder nein, ich mag nicht. Da hat er mir so eine Ohrfeige verpaßt, daß meine Tante sagte, man könnte ja meinen, du magst das Kind nicht. ›Und ich kann sie nicht ausstehen‹, antwortete er dann. Das ist tief haften geblieben.

Ich habe auch sehr viele Prügel von meinem Vater bekommen. Oft so, daß ich nicht mehr sitzen konnte. Bewußt habe ich alles erst so ab vier Jahren mitbekommen. Mein Vater war, als ich vier Monate war, in den Koreakrieg eingezogen worden. Er war ja Amerikaner. Nach eineinhalb Jahren kam er erst wieder zurück. Seit dieser Zeit glaube ich mich zu erinnern, daß ich immer um die Liebe meines Vaters gekämpft habe. Ich wollte seine Anerkennung und mußte für meinen jüngeren Bruder auf alles verzichten. Der schien mehr wert zu sein als ich, weil er halt ein Junge war.

Wenn ich nicht genug auf ihn aufgepaßt habe, dann hat es Schläge gegeben, und zwar mit dem Gürtel. Da stand er hinter der Haustüre, hat seinen Gürtel aus der Hose gezogen, und ich habe Prügel bezogen, bis ich grün und blau war, nicht mehr sitzen konnte. Meine Mutter durfte mir auch nicht beistehen, weil mein Vater sonst auf sie losgegangen wäre. Sie hat mir dann später erzählt, daß er sich im Koreakrieg in einen anderen Menschen verwandelt hätte, da müssen auch die Schwierigkeiten in der Ehe angefangen haben.«

Klara will die trinkende Mutter nicht enttäuschen, buhlt um die Liebe des Vaters. Will immer besser sein als die anderen, glaubt, nur durch Leistung der Liebe würdig zu sein. Das klassische Muster in der Psychotherapie bei Abhängigen. Das weiß sie aber erst heute, fast vierzig Jahre später. Aber nicht zu spät.

»Damals, da hab' ich oft gesagt, ich hab' so Kopfschmerzen. Meine Mutter hat mir dann immer irgendeine Tablette gegeben. Sie hat ja auch für alle möglichen Sachen solche Tabletten genommen. Sie wußte so auch immer, daß ich weiter funktioniere. Als eine einzelne Tablette nicht mehr geholfen hat, da hat der Hausarzt einfach gesagt, ich solle zwei oder drei am Tag nehmen. Ich habe das dann gesteigert, weil ich oft alles nicht mehr ausgehalten habe, das Chaos mit der Mutter und meine Kopfschmerzen, bis ich zum Schluß bei einem Tageskonsum von 20 bis 30 Tabletten angekommen bin.«

Es ist nichts Besonderes in unserem Lande, daß der Hausarzt nichts mit den Kopfschmerzen eines kleinen Mädchens anzufangen weiß, daß er hemmungslos zu einer Verdoppelung der Tagesdosis rät, daß er weder die Mutter noch die Tochter aufklärt, wie eine Tablettensucht entsteht und wie sie sich auswirken kann. Schließlich diagnostizieren Ärzte Jahr für Jahr bei Frauen mehr als doppelt so viele Depressionen, Neurosen und Psychosen als bei Männern. Behandelt wird mit der massenweisen Verordnung von Schmerz-, Beruhigungs- und Schlafmitteln. Damit diese Frauen wieder funktionieren, werden sie chemisch abgeschirmt und in Pharmawatte gepackt. Der Preis für die Funktionstüchtigkeit ist hoch: Der Körper gleicht einer Arzneimitteldeponie. Die Gesundheit ist ruiniert. Nur weil keiner den Aufschrei der Seele erkennt.

Klaras Tablettenabhängigkeit wird immer schlimmer. Mit 16 Jahren beginnt sie – wie später alle Geschwister – bei der Post mit einer Ausbildung. Hier bemerkt keiner etwas von Klaras Problemen. Denn Tabletten riecht man nicht, stellt das Mädchen erleichtert fest. Ihre hohen Dosen bekommt sie ohne Probleme in wechselnden Apotheken. An ihrem Arbeitsplatz greift das frühkindliche Verhaltensmuster perfekt: Hohe Leistung bringt Anerkennung und – vielleicht – sogar Liebe.

»Ich bin sehr religiös aufgewachsen. Aber das hat mich auch ein ganzes Stück behindert, und mit 14, 16 Jahren habe ich bemerkt, daß ich mich mehr zu Frauen hingezogen fühle als zu Männern. Ich war dann auch in der katholischen Jugend aktiv. Das hat mir sehr viel Spaß gemacht und mich immer auch aus unserem chaotischen Zuhause herausgebracht. Da habe ich dann überhaupt zum erstenmal mit so einer Jugendführerin über meine Gefühle gesprochen, darüber, daß ich mitgekriegt habe, daß ich so eine Beziehung, wie die anderen Mädchen sie zu einem Mann haben, nicht aufbauen kann. Nicht, weil ich Männer ablehne, aber es ging eben nicht. Das ist bis heute so geblieben. Und da hat mir die Religion nicht besonders geholfen. Ich hab' mich immer schlecht gefühlt. Das ist unnormal, das gehört sich nicht. Damit habe ich viele Probleme gehabt. Mittlerweile hab' ich so meinen eigenen Weg gefunden. Mit der Religion auch. Ich denke, ich hab' Schwierigkeiten mit der Institution Kirche, aber nicht mit meinem Glauben.«

Klaras Lebenssituation spitzt sich aber noch weiter zu: Nach dem Tod des Vaters behandelt die Mutter den zweitgeborenen Sohn so, wie der Vater die Tochter Klara: Sie schlägt ihn, oft ohne jeglichen Grund.
»Wenn wir Geschwister nicht alle in die Sucht gegangen wären, dann wäre es uns gegangen wie meinem Bruder, der sich dann eben umgebracht hat. Ich hatte zum Beispiel immer furchtbare Angst davor, wahnsinnig zu werden, das alles nicht aushalten zu können, weil der Schmerz einfach zu groß war, so unvorstellbar, daß man verrückt wird. Dabei war die Sucht der einzige Weg, die Gefühle nicht aufkommen zu lassen.
Ich weiß nicht, wo das geendet wäre. Also der Bruder war drogensüchtig. Was er genommen hat, weiß ich nicht. Er war zwei Jahre jünger, der Liebling meines Vaters. Mein Bruder durfte eben bei ihm alles. Als der Vater dann starb, war das für ihn, als sei ihm der Boden unter den Füßen weggezogen. Wenn jetzt irgend etwas war, dann war mein Bruder dran schuld. Er hat früh angefangen, sich zu wehren, was ich nie gemacht habe. Bei mir ging der Haß nach innen. Mein Bruder ging dann auf meine Mutter los, blieb zu Hause einfach weg. Er konnte das nicht aushalten mit ihr, vor allem, wenn sie getrunken hatte. Das war auch extrem schlimm. Er hat angefangen, Autos aufzuknacken. War zweimal in einem Erziehungsheim, keiner ist mit ihm fertig geworden. Wir haben immer gesagt, unser Max, der geht mit dem Mond. Und immer wenn Vollmond war, hat der die ganze Woh-

nungseinrichtung demoliert. Er hat auch immer gedroht, er bringt die Mutter um, irgendwann. Zum Schluß war er inhaftiert, wegen einem Delikt. Hat sich in der U-Haft erhängt. Das war schlimm für mich, das habe ich aber erst in der Therapie bemerkt. Es war damals Weihnachten. Er hatte eine Waffe und hat jemanden bedroht. Der hat ihn angezeigt, und die Polizei kam zu uns nach Hause. Aber er war nicht da. Am ersten Weihnachtstag war er weggegangen. Ich wollte ihn zurückhalten, aber es ging nicht. Er war auch traurig, weil er nichts für uns zu Weihnachten hatte. In der Früh, so um halb vier, kam er dann wieder heim, ist in sein Zimmer, und eine Stunde später kam dann die Polizei. Sie verhörte ihn, wollte ihn aber nicht mitnehmen. Ich hab' damals meine Mutter gebeten zuzulassen, daß die Polizei ihn mitnimmt. Er sollte sehen, daß er nicht alles mit uns machen kann, bei uns war so oft die Polizei wegen ihm, diesmal sollte er selbst sehen, wie er zurechtkommt. Ich hab' sie auf Knien angefleht, sie sollte ihn nicht wieder aufnehmen. Das war der letzte Tag, an dem ich ihn gesehen habe.
Ich habe dann immer das Gefühl gehabt, ich war an seinem Tod schuld. Wenn ich nicht meine Mutter so bestürmt hätte, wäre er nicht in U-Haft gekommen, hätte er sich nicht erhängt. Ich denke aber heute, er ist mit dem Leben noch sehr viel weniger fertig geworden als wir. Er hat auch keinen Weg gefunden, sich Hilfe zu holen. Wir waren ja auch alle selber innerhalb der Familie in dem ganzen System gefangen. Auch der Sozialarbeiter vom Jugendamt konnte nicht helfen. Er wußte nicht, wie er an meinen Bruder 'rankommen sollte. Und ich denke, vielleicht war das alles für ihn das beste, ich weiß nicht, was sonst noch so alles passiert wäre. Wieviel Leid hätte er noch ertragen müssen? Meine Mutter hat mir keine Vorwürfe gemacht.

Sie wirkte auf der einen Seite sehr erleichtert, daß dieser Druck weg war. Auf der anderen hat sie den Tod nie überwunden. Sie hat sich selbst viele Vorwürfe gemacht.«
Klara schluckt weiter Schmerztabletten und schweigt. Sie wechselt die Apotheken wie andere die Unterwäsche. Inzwischen erkennt der zweite, noch lebende Bruder seine Alkoholabhängigkeit.
Er läßt sich auf eine Therapie ein. Auch die Schwester kommt mit ihrem Leben und den Tabletten nicht mehr zurecht und begibt sich in psychotherapeutische Behandlung. Immer wieder bedrängen sie Klara, doch auch etwas zu unternehmen. Aber die begründet ihre Tabletteneinnahme »nur« mit den Kopfschmerzen. Sie läßt nicht zu, daß etwas mit ihr nicht stimmt, was die Geschwister ständig klarzumachen versuchen. Dazu kommt ein Magengeschwür. Das verschwindet noch mit Tabletten und Rollkuren, gesunder Ernährung und sanften Tees. Das zweite auch noch, aber mit 34 muß Klara dann doch am Magen operiert werden. Die Ärzte attestieren ihr eine maligne Geschwulst, also ein bösartiges Gewächs. Ein Drittel des Magens wird entfernt. Und unbegreiflicherweise nimmt sie auch im Krankenhaus weiterhin ihre 20 bis 30 Schmerztabletten pro Tag. Dort im Krankenhaus aber schafft ihre Schwester den Durchbruch: Klara ist bereit, zur Sozialbetreuerin bei der Post zu gehen. Die überredet die junge Frau. Klara läßt sich zur Schwester bringen und wirft alle Tablettenvorräte in die Toilette. Eine Nervenärztin unterstützt sie mit anderen Medikamenten:

»Sie hat unterstützende und beruhigende Mittel gespritzt. Ich hatte auch entsetzliche Schweißausbrüche, rasende Kopfschmerzen, Schwierigkeiten mit dem Reden

und das Gefühl, einen Rausch zu haben. Obwohl ich nie in meinem Leben Alkohol getrunken hatte, stellte ich mir das so vor.
14 Tage hat der Entzug gedauert, dann wurde ich so allmählich ruhiger. Meinem Arzt in meiner Heimatstadt habe ich das Schreiben der Nervenärztin gegeben, der hat nur so geguckt. Der konnte das gar nicht glauben. Ich habe dann gesagt, ich möchte eine Therapie machen, ob er das unterstützt. Ja, ja, hat er dann gesagt, weil das ja auch vom Arzt unterschrieben sein muß. So kam ich zu den Einzelgesprächen bei einer Psychotherapeutin und Sozialarbeiterin, und so kam ich auch nach Wied zu einem Therapieplatz. Meine Schwester hat es schließlich dort auch geschafft. Am 11. 8. 1987 kam ich dort an, das Datum werde ich nie vergessen. Das war für mich wie der erste Schritt ins Leben. Es war zwar mit vielen Ängsten verbunden – ich wäre am liebsten auf dem Absatz wieder umgekehrt. Aber ich habe gesehen, wie meine Schwester und mein Bruder es geschafft haben, die beide endlich leben konnten. Und das wollte ich auch erreichen. Ich denke, das war mein größtes Glück.
Wie das so läuft in einer Suchtklinik? Also: Wied zum Beispiel ist aufgeteilt in drei Außenhäuser. 14 Tage bleibt man im Haupthaus, in der Neuankömmlingsgruppe. Da muß man sagen, wie die Abhängigkeit aussieht. Dann kommt man in die sogenannte Festgruppe. Die Therapeuten versuchen dann, an die Gefühle 'ranzukommen, weil das bei Abhängigen der Punkt ist, den sie zu verbergen suchen. Das geht dann auch mal mit harten Bandagen. Ich konnte mich also nie 'rausreden.
In der Festgruppe ist man mit jedem per du – ich hatte damit Schwierigkeiten. Auch damit, Autoritätspersonen zu duzen. Das hat sich dann bald gelegt, und mit meiner

Therapeutin verbindet mich seitdem eine sehr schöne Freundschaft.
Wir waren immer 12 bis 13 Personen in den Gruppen. Das war schon hart. Ohne meine beiden Geschwister hätte ich das nicht so gut durchgestanden. Die haben mich immer wieder unterstützt. Mir war auch bald das Ziel der Therapie klar: Wir sollten lernen, ohne Suchtmittel ein zufriedenes, normales Leben zu führen und uns unseren Problemen zu stellen. Wir sollten lernen, unsere Fehler zu akzeptieren, und daß man das Leben nicht alleine bewältigen muß. ›Du mußt das Leben allein bewältigen‹, war zum Beispiel immer so ein Anspruch, den ich an mich gestellt habe. Ich darf niemanden belästigen, niemandem etwas aufbürden. Und jetzt habe ich gelernt, daß ich um Hilfe bitten muß, und außerdem nicht immer perfekt sein zu wollen – und daß man mich auch ohne eine besondere Leistung akzeptiert. Mein Bruder muß einen ganz schlimmen Alkoholentzug gehabt haben, fast ins Delirium gefallen sein, und da hat er gespürt, er muß sich entscheiden: entweder für das Leben oder für den Tod. Die Sucht hätte ihn unweigerlich in den Tod getrieben. Bei Medikamenten dauert es etwas länger, aber führt letztendlich genau dorthin. Und das wollte ich nicht. Ich habe bisher noch nichts von meinem Leben gehabt, und es gibt so viele Dinge, die mich interessieren. Die kann ich aber nicht erleben, wenn ich so weitermache. Und in der Therapie habe ich den einzigen Weg dazu gesehen, meine Interessen einmal zu verwirklichen. Ich denke heute, daß der Grund meiner Abhängigkeit in meiner Kindheit liegt, weil meine Geschwister ja auch alle abhängig sind. Ich glaube aber auch, daß die Sucht für mich die einzige Möglichkeit war, zu überleben.

In der Klinik ist in den ersten zwei Wochen am Morgen immer Plenum. Da sitzen dann alle Patienten, und jeder stellt sich vor. Hier begannen schon meine Schwierigkeiten. Ich bin Klara Katharina, also im Englischen Claire-Catherine, getauft. Aber von klein auf haben mich alle nur Sissi gerufen. Ein Cousin hat das eingeführt. Er hat gemeint, ich sei seine kleine Schwester, und nannte mich darum immer Sissi, von ›sister‹. Ich hab' mich also vorgestellt mit Sissi. Da haben sie mich gleich angefahren. Das stimmt aber nicht, in den Papieren steht ein ganz anderer Name. Warum nennst du dich so? Das war der erste Punkt. Als nächstes erzählte ich, ich bin medikamentenabhängig, 37 Jahre alt, wohne da und da. Da begann die Therapeutin zu insistieren: Hab' ich nicht richtig zugehört, sagt sie, wie lebst du da, bist du alleine? Und ich dachte, die will mich jetzt 'reinlegen mit meiner Frauenbeziehung, weil ich das eigentlich nicht gleich sagen wollte. Aber dann bin ich doch gleich dazu gestanden, alle in der Klinik wußten es, und damit war es gut.
In der Therapie habe ich mich dann in diese Therapeutin verliebt. Heute ist das eine große Freundschaft, ich verstehe mich mit ihr, ihrem Mann und ihrem Sohn ganz prima, das ist eine richtige Familie für mich.
Meine erste wirkliche Frauenbeziehung begann in einem Wanderverein. Da habe ich eine Frau kennengelernt, eine Spanierin, die war mir sehr sympathisch. Da konnte ich mich anlehnen, und die Maria, so heißt sie, hat erst viel später auf einer Feier – da hatte sie auch was getrunken – gesagt: Ich liebe dich. Ich war wie vor den Kopf gestoßen, um Gottes willen, was ist denn das? Ich habe dann versucht, den Kontakt zu meiden. Hab' aber dann gemerkt, daß sie mir viel bedeutet, daß ich sie lieb habe. Zu Hause wollte ich niemanden etwas merken lassen,

denn wir haben uns sehr oft gesehen. In dem Geschäft ihrer Familie hab' ich nach Dienstschluß mitgeholfen, das war für mich so ein Stück Schutz und Geborgenheit. Als aber meine Schwester damals einen Selbstmordversuch auf der Post gemacht hatte – alle von uns mußten auf der Post lernen –, da hab' ich dann erkannt, ich muß weg, ganz weg von der Familie, und habe um Versetzung gebeten. So hab' ich eine Münchner Kollegin kennengelernt, die mir ihren Arbeitsplatz zeigte. Da hat sich dann eine Brieffreundschaft entwickelt. Sie lebte in einer Frauenbeziehung, und ich fand die Offenheit, mit der sie mir das geschrieben hat, ganz toll. Und dann konnte ich natürlich sagen, daß das bei mir auch so ist. Maria und ich haben dann eine Wohnung zusammen genommen. Für meine Mutter war das immer so eine Freundschaft – angeblich. Dann hab' ich mit meiner Maria die Maria in München besucht, und dabei hat sich die damalige Freundin der Münchner Maria furchtbar in mich verliebt. Jetzt war meine Beziehung mit der spanischen Maria so eher ein Mutter-Ersatz als ein partnerschaftliches Verhältnis. Ich hab' dann mit der Anke in München eine Chance gesehen, einfach wegzukommen.
Der damalige Vertrauensarzt bei der Post hat es nach dem Selbstmordversuch meiner Schwester sofort befürwortet, daß ich von Frankfurt wegkam. Ich hab' dann alles in Kauf genommen, die Rückstufung, ein anderes Arbeitsfeld. Als dann alles durch war, hab' ich meiner Mutter gesagt, daß ich eine Versetzung beantragt habe wegen einer Frau. Da war der Ofen aus. Von diesem Moment an habe ich für meine Mutter nicht mehr existiert. Ich durfte ihr nicht mehr die Hand geben: ›Ich ekle mich vor dir. Du bist nicht mehr meine Tochter, du wirst schon sehen, wo das hinführt.‹ Ich war nur erst mal froh, daß ich wegkam.

Aber: Ich kam vom Regen in die Traufe. Denn Anke war alkoholabhängig, was ich zuerst nicht wußte. In der Therapie lernt man, es gibt keine Zufälle. Ich hab' das also sieben Jahre mit Anke mitgemacht. Die Maria in Frankfurt ist darüber krank geworden, hat Gallensteine bekommen. Ich hatte immer Schuldgefühle ihr gegenüber. Es gab ja eigentlich keinen Grund, sie zu verlassen. Ich hatte es sehr gut bei ihr. Sie hat mir auch alles abgenommen. Aber so etwas geht auf Dauer eben nicht gut, wenn der andere Partner nie Verantwortung für sich selbst übernehmen muß. Für andere konnte ich das gut, für mich selbst nie. Inzwischen ist alles wieder gut mit Maria, und wir haben eine gute Freundschaft.«

Nach sechs Monaten Therapie in der Suchtklinik kehrt Klara in ihr altes Umfeld zurück. Sie stellt allerdings fest, daß sie noch einmal, wie schon bei Beginn der Therapie, ganz von vorne beginnen muß. Dank der Sozialbetreuerin bei der Post ist ihr Arbeitsplatz erhalten geblieben. Und schon vor dem Antritt zur Kur hat Klara ihren Kollegen und Kolleginnen erzählt, was mit ihr los ist. Die waren damals ganz erstaunt. Schließlich gehörte Klara doch zu den Erfolgreichen, den Fleißigen in der Abteilung. Sie mußte ihnen in langen Gesprächen erklären, warum niemand dort etwas von ihrer Sucht bemerkt hat. Die ganze Gruppe reagierte dann sehr positiv auf ihr Problem:

»Wie ich überhaupt gute Erfahrungen gemacht habe, wenn ich offen mit allem umgehe. Auch mit meiner Homosexualität. Sicher, ich laufe nicht mit einem Schild herum. Ich habe sicher genug Kollegen, die Probleme mit dem Alkohol haben, aber ich gehe jetzt nicht herum

und sage, du und du und du – ihr habt da Schwierigkeiten, du mußt was tun. Ich frage nur, hast du schon mal probiert, eine Woche ohne, wie geht es dir dabei? Und da entwickeln sich dann viele Gespräche.
Von Anke habe ich mich dann nach sieben Jahren getrennt. Es war die Wiederholung der Geschichte mit meiner Mutter. Nach einer neuen, kurzen Beziehung habe ich dann erstmal alleine gelebt, weil ich erkannt habe, daß man nicht von einer Beziehung in die nächste rutschen kann. Ich habe mich erstmal auf mich selbst konzentriert. Nur hingehorcht, was ich mag, was ich will.
Seit eineinhalb Jahren lebe ich nun in einer Frauenbeziehung sehr partnerschaftlich. Sie ist alkoholabhängig, war auch in Wied, und ich habe mich in meinem Leben noch nie so zufrieden und frei gefühlt wie jetzt. Bei der Post arbeite ich jetzt im Datenbereich, sitze achteinhalb Stunden vor dem Computer und gebe Daten ein. Wenn ich heute Kopfschmerzen bekomme, weiß ich, daß das versteckte Aggressionen sind, die ich nicht loswerden kann. Dann versuche ich mich mit autogenem Training zu entspannen, reibe mir mit japanischem Heilpflanzenöl die Stirn ein. Meistens gehen die Kopfschmerzen dann auch wieder weg. Und wenn nicht, dann weiß ich, daß ich es aushalten kann. Wenn ich wieder Tabletten nehmen würde, wäre ich ganz schnell in dem Kreislauf drin. Wie der Alkoholiker. Ich erkläre auch jedem Arzt, daß ich keine Tabletten nehme, auch wenn er sie mir verschreibt. Jetzt habe ich den Arzt gewechselt, weil ich ihn immer wieder aufmerksam machen mußte, daß Tabletten für mich Gift sind. Mit Homöopathie mache ich da bessere Erfahrungen. Ich bin jetzt auch bei einer Frau in Behandlung. Ich arbeite nebenbei ehrenamtlich im Club 29, der

alkoholfreien Begegnungsstätte der Caritas. Da habe ich jetzt die Leitung eines Informationsstammtisches für Frauen übernommen. Für Frauen, die gerne loskommen wollen von der Sucht, die einfach Hilfe brauchen. Als selbst Betroffene kann man da viel besser helfen. Das spürt man auch bei den Therapeuten. Die, die selbst mal abhängig waren, haben einfach einen anderen Zugang. Von solchen Therapeuten fühlt sich der Abhängige besser verstanden. Die Therapeuten, die nie drauf waren, können auch nicht nachvollziehen, wie das ist, wenn man das große Kotzen bekommt, einen Trockenrausch oder das Trockenwürgen. Die sagen leicht: Hör' doch auf! Die wissen gar nicht, wovon sie reden. Das ist jedenfalls mein Eindruck. Bei mir waren es vor allem halt Minderwertigkeitskomplexe, die ich mit meiner Sucht weggedrückt habe. Ich glaube, das ist bei fast allen Abhängigen so.«

So schlimm sich Klaras Geschichte liest, anhört – sie zeigt auch auf, daß es Wege aus der Tablettensucht gibt. Heraus aus der Abhängigkeit, in ein Leben ohne chemische Krücken. Klara erzählt inzwischen gerne von sich, weil sie allen Mut machen will, den Teufelskreis zu durchbrechen. Wenn sie so über ihr neues Leben nach der Therapie nachdenkt, leuchten die Augen erstmals richtig auf in unserem Gespräch:

»Da ist zunächst mal das Gefühl, daß ich das Leben entdeckt habe, daß ich es bewußt mitkriege. Wie ich mich an kleinen Dingen sehr, sehr freuen kann. Zum Beispiel an schöner Musik beim Autofahren oder an einem tollen Sonnenuntergang. Das hab' ich früher alles nicht mehr mitbekommen, da bin ich vorbeigegangen. Oder wenn ich jetzt die Vögel in meinem kleinen Innenhof zwitschern höre oder mich mit unserer Katze beschäftige. Das hätte ich mir vorher nie vorstellen können. Und wir beschäftigen uns mit Computerspielen, wenn meine Partnerin nicht mehr lernen mag. Ich hätte nicht gedacht, daß ich so wach sein kann für so viele Dinge. Ich muß manchmal sogar aufpassen, daß ich nicht zuviel nebeneinander mache. Ich denke, es ist wichtig, auch anderen zu sagen, daß es immer einen Weg heraus gibt aus der Sucht, deshalb engagiere ich mich auch und rede darüber.«

Und das Weib schweige in der Gemeinde ...

Warum Elga S. eine Frauenkirche gründet

»Wie in allen Gemeinden der Heiligen, lasset die Frauen schweigen in der Gemeinde. Denn es soll ihnen nicht zugelassen werden, daß sie reden, sondern sie sollen sich unterordnen, wie auch das Gesetz es sagt. Es steht der Frau übel an, in der Gemeinde zu reden.« Nachzulesen ist dies im 1. Korintherbrief 14 in der Bibel. Aber die Frauen lassen sich allerorten nicht mehr den Mund verbieten. Sie begehren auf oder treten aus. Zu Hunderttausenden Jahr für Jahr. Von den Aufbegehrenden will ich berichten.

Eine davon ist Elga S. Sie ist eine verstoßene feministische Theologin. Wer ihr begegnet, wird als erstes von ihren dunklen Augen gebannt, dann erweitert sich das Bild um eine kleine Stupsnase, einen sinnlichen Mund und kurze, dunkle Haare um einen runden Kopf. Sie spricht langsam, am Anfang, denkt beim Erzählen noch einmal ihre ganze Geschichte durch, die theologischen Anfänge, dann ihren Weg zur feministischen Theologie, die Studienzeit an der Universität, schließlich denkt sie an den demütigenden Prozeß und das Ende: Ausschluß aus Amt und Würden der Amtskirche. »Göttin entthront«, »Die Kirche schadet sich selbst am meisten« und »Ketzerin verläßt evangelische Kirche« – das schrieben die Gazetten über das vorläufige Ende eines konsequenten Weges auf der Suche nach dem Gott oder der Göttin.

»Aufgemacht in Richtung Theologie habe ich mich nach dem Abitur. Mein Vater wollte, daß ich Diplom-Ingenieurin werde, meine Mutter sah mich in etwas Künstlerischem. Ich wollte Theologie. Weil da eine Intuition am Werke war, ganz stark. Früher ließen mich meine Eltern nie in die Kirche gehen, aber ich bin trotzdem oft heimlich hingerannt. In der Hoffnung, daß ich dort das ganze Seelenheil finde, was ich sonst bitter vermißte. Hätten mich die Eltern zum Studium gedrängt, dann hätte ich wahrscheinlich nie Theologie studiert. So aber war die Kirche für mich das Spannendste, Abenteuerlichste, was ich mir vorstellen konnte. In Tübingen, Münster und Hamburg habe ich ganz klassische Theologiesemester durchlaufen. Aber Pfarrerin wollte ich nie werden. So moralisch kam ich mir denn doch nicht vor. Nur ein unglaublicher Wahrheitsdrang zwang mich fast vorwärts. Ich wollte 'rauskriegen, was dran war an der Religion. Ich hatte immer das Gefühl, dahinter muß was sein, und das sagt dir niemand.«

Elga S. lebt schon während des Studiums in zwei Welten: Tagsüber inmitten des schwäbischen Pietismus in Tübingen, ein Klostereintritt erscheint ihr da keineswegs abwegig. Nachts aber in Kneipen, mit Alkohol und Rauch und einem wachsenden Interesse an Männern. Jesus als einziger Bräutigam, das denkt sie oft, ist doch zu wenig real, den hätte sie schon lieber zum Anfassen. In dieser Zeit beginnt sie auch in sich zu spüren, daß die protestantische Kirche, der sie angehört, in ihr spirituell etwas zerstört. So geht sie zum Beten lieber in die katholische Kirche.

Ihre erste Stelle als Referendarin fällt mit den 68er-Revolutionen zusammen. So versucht sie an der Schule jetzt ebenfalls ihre erste »Revolution«. Mit Erfolg. Elga S.

kommt mit den aufsässigen Schülern bestens zurecht und läßt sie Baader-Meinhof-Texte ins Französische übersetzen. Die Schüler sind begeistert, schicken der angehimmelten neuen Lehrerin heimlich Blumen. Nie mehr wieder wird Elga S. so brilllante Zeugnisse einer »patriarchalen Institution«, wie sie die Schule heute nennt, erhalten. Dreimal versucht sie auch in dieser Zeit zu promovieren. Als sie für ihre Doktormutter zu einer Tagung nach Kassel fährt, bekommt sie ein faszinierendes Angebot: Sie gibt vor einem hochkarätig besetzten Auditorium ein einziges Statement ab und erhält eine Festanstellung am Theologischen Institut der evangelischen Kirche. Begeistert greift sie zu. Sie stürzt sich in die neue Aufgabe, wobei ihr in dieser Zeit der Graben zwischen der patriarchalen Kirche und den Frauen, die diese Kirche an der Basis tragen, deutlicher denn je bewußt wird.

»Irgendwann wußte ich, daß die ganze Frauenfrage viel mehr bedeutet. Daß der Widerspruch zwischen Mann und Frau wesentlicher ist als zum Beispiel der zwischen Kapital und Arbeit. Und heute sage ich sogar, daß der entscheidende Widerspruch der zwischen Mensch und Natur ist. Frau ist für mich in hohem Maße identisch mit Natur – Mann dagegen verkörpert für mich Mensch. Aber Mensch macht sich Natur untertan. Das ist meiner Meinung nach das Problem unserer Zeit, eine zynische Anmaßung sondergleichen.«

Während dieser Zeit der »Lehre« in Kassel mögen die Männer in der evangelischen Kirche ihre »freche Französin«, wie sie sie oft nennen, noch richtig gerne. Sie durfte ihre ganzen feministischen Thesen in der Institutszeitung publizieren, zehn Jahre lang klappte die Zusammenarbeit mit den Hierarchien. Auch als Elga S. ihre zehn Erlaubnisse formuliert – als Gegenpol zu den zehn Geboten – und ebenfalls im ›Forum Religion‹ veröffentlicht, geht immer noch kein Aufschrei durch die Evangelische Kirche von Kurhessen-Waldeck. Ganz im Gegenteil: Elga S. wird Schriftleiterin der Zeitung, sogar Schulen fordern ihre feministischen Theologie-Theorien an. Ihr kirchlicher Rausschmiß bahnt sich erst an, als sie in einer Talkshow zusagt.

»Ich fragte damals zum Beispiel, warum neben dem Gottvater nicht auch eine Göttinmutter sitze und warum es keine ›Heilige Mutter‹ über oder wenigstens neben dem Heiligen Vater in Rom gebe. Auch habe ich biblische Texte aus meiner Frauensicht umgeschrieben (›Vater und Herr, der Du bist im Abseits samt Deinen Priestern und Propheten‹ und ›Mutter unsere, ...‹). In einem Text über die Grundordnung der Evangelischen Kirche von Kurhessen-Waldeck komme ich als Theologin zu dem Ergebnis, daß sie frauenfeinlich, sexistisch, männerbündlerisch-hierarchisch und gesetzlich-orthodox ist. Das alles erzählte ich bereitwillig in der Talkshow, vor etwa vier Millionen Zuschauern, abends zur besten Sendezeit. Das war denn doch anscheinend zuviel des Guten. Mein Bischof rief daraufhin zuerst einen sogenannten ›Theologischen Gesprächskreis‹ ins Leben, der mit mir die strittigen Fragen erörtern sollte. Aber ich durfte nie über die Inhalte der Gespräche reden, da wurde mir gar ein Dienstvergehensverfahren angedroht. Irgendwie konnte ich mir daraufhin gut vorstellen, wie es im Mittelalter den Hexen bei der Inquisition hinter verschlossenen Türen gegangen sein muß.«

Die kirchlichen Mühlen mahlen langsam, aber beständig. Erster Schritt in die Verbannung: Die aufmüpfige Theologin soll in der Zwischenzeit in der landeskirchlichen Bibliothek theologische Aufsätze katalogisieren. Ihre Tätigkeit an der Gesamthochschule Kassel wird wegen »ketzerischer Äußerungen« gekündigt. Noch einmal wird sie beim Bischof vorgeladen. Aber die beiden scheinen verschiedene Sprachen zu sprechen. Es kommt zu keiner Einigung. Während ihr Buch über »Religion und Frau« in wenigen Tagen ausverkauft ist, droht die Amtskirche ihrer streitbaren Mitarbeiterin jetzt endgültig mit einem Kirchenprozeß.

Keineswegs alle feministischen Theologinnen sind in dieser Zeit der Meinung Elga S.s. Vielen gehen ihre radikalen Thesen gegen den Strich. Sie versuchen zwar wie sie mit akribischer wissenschaftlicher Sorgfalt anhand biblischer Texte das Gottesbild von patriarchalen Verzerrungen zu befreien, beschreiten aber ganz andere Wege. Zum Beispiel werfen katholische Alttestamentlerinnen ihr vor, sie verstünde zu wenig hebräisch, um die Texte kritisch untersuchen zu können. Was nicht stimmt. Eine andere formuliert, daß die große Mutter, die inzwischen viele Frauen als Urgund allen Seins verehren, nur deshalb eine interessante Identifikationsfigur werden konnte, weil sie, die Frauen, selbst bild- und geschichtslos seien. Eine dritte gar verurteilt die Träumereien des Matriarchats und der weiblichen Spiritualität als Opium für die Frauen.

Der Kirchengerichtsprozeß nimmt seinen Lauf. Monatelang ziehen sich die Verhandlungen hin. Elga S. immer allein gegen zehn. Zum Prozeßtermin darf ihr Anwalt nicht mit, weil er, das stellt sich erst jetzt heraus, nicht mehr in der Kirche ist. Ein anderer springt ein. Vor dem Haus der Kirche in Kassel liest die Theologin dann noch einmal das Gebet vor, das Mutterunser, das sie zu Ehren der Göttin geschrieben hat, und ihre Stimme zittert nicht mehr, als sie schließt: »Du bist die Kraft in allem, die tollkühn liebende Jungfrau, die kosmische Mutter alles Lebendigen, die uralte Weisheit und die Liebe und das Vertrauen und die Offenheit in ewiger Glückseligkeit.« Etwa einhundert Menschen, meist Frauen, sind gekommen, um der feministischen Theologin Glück zu wünschen für ihren Prozeß vor der Disziplinarkammer. Aber die Mühlenräder lassen sich nicht mehr aufhalten, das Korn Elga S. steckt mitten drin: Die Kirche zerdrückt mit diesem Prozeß ihre aufmüpfige Tochter. Es blieb nur dieser Weg. Denn kündigen konnte sie ja ihrer »Kirchenbeamtin auf Lebenszeit« nicht.

»Der Prozeß war das Grausamste, was mir je angetan wurde. Von Menschen, mit denen ich zwölf Jahre friedlich zusammengelebt, zusammengearbeitet hatte. Sie behandelten mich wie ein lästiges Insekt, das man nur noch entfernt, ja, ich mußte entfernt werden. Vorher hatten sie mir noch ein schmutziges Angebot gemacht. Wenn ich meine Thesen in der Öffentlichkeit widerrufen würde, würden sie den Prozeß niederschlagen. Mein Gehalt wäre weitergelaufen, quasi ein Ablaßhandel. Das wollte ich nicht, meine Ideen lasse ich mir nicht abkaufen. Das war zwar sicher keine kluge Entscheidung, denn ich würde heute finanziell anders dastehen, aber ich konnte gar nicht anders.«

Inzwischen reißen sich die Illustrierten und Tageszeitungen, die Radiostationen und Fernsehsender um die streitbare Theologin. In vielen Interviews muß sie immer wieder erklären, warum sie zum Beispiel für die Theologie, die Wissenschaft von Gott, lieber das Wort Thea-sophie, die Weisheit von der Göttin, setzt. Warum sie mit dem Gott der Juden und Christen so gnadenlos abrechnet. »Das jüdisch-christliche Gottesbild enthält erschreckend grausame, lebens- und liebesfeindliche Züge ... Da angstbesetzte Unterwerfung mit vertrauensvoller Liebe absolut unvereinbar ist, fördert dieses Gottesbild die Liebeszerstörung ... Dieses Gottesbild zwingt den Gläubigen eine sadospirituelle Glaubenshaltung auf.« Das sind nur einige ihrer Aussagen. Selbst vor dem Kern des christlichen Glaubens, daß Gott den Menschen durch den Kreuzestod erlöst hat, macht sie nicht halt. Jesus habe nicht das Kreuz in das Zentrum seiner Verkündigung gestellt, sagt sie. Das Kreuz Jesu könne niemanden befreien, es sei auch nie ein Ersatz für den Lebensbaum und werde dies auch niemals werden. Das Kreuz sei für sie eher ein Galgen, an dem der Patriarchen-Gott des Alten Testamentes seinen ungehorsamen Sohn als Ketzer ermorden ließ. Sicher, starker Tobak. Aber auch Ansichten, die schon damals, während ihres Prozesses manche Befreiungstheologen und feministische Theologinnen allemal teilten. Das Bild vom strafenden Gott, der sich des Menschen erst erbarmt, wenn jener vor ihm im Staub kriecht, wird nur noch selten von den Kanzeln verkündet.

Was Elga S., die verfemte Ketzerin der evangelischen Kirche, in ihrer ganz persönlichen, oft harschen Diktion formuliert, haben längst vor ihr gläubige Frauen in den Vereinigten Staaten zu ihrer Glaubensrichtung erklärt: Durch meditative Riten und eine spirituelle Praxis soll den Frauen dort das weibliche Gottesbild wieder zugänglich gemacht werden. Das funktioniert mit ähnlichen Techniken wie in der Psychoanalyse. Dabei stellten die Frauen fest, daß die im Bild der Göttin verkörperten Lebensmächte den Frauen innerlich selbst zu eigen sind, daß sie sie in sich tragen. Verdrängt, verborgen, verschüttet. Denn auch bei den modernen Menschen sind die archaischen, die weiblich religiösen Symbole und Werte, die sich in ihnen ausdrücken, wiederzufinden. Sie können als kreative Energien aktiviert werden durch einen bewußten und kontinuierlichen Umgang mit Träumen, Imaginationen, gelenkten Phantasien. Ein Weg, so haben es die Amerikanerinnen erkannt, der keineswegs die Männer ausschließt. Beide Geschlechter, Männer und Frauen, können so an die weiblichen seelischen Wurzeln des Menschseins gelangen. Alle Frauen, die diesen Weg gegangen sind, berichten, daß sie auf diese Art und Weise ihre eigenen kreativen Energien wiedergefunden hätten. Energien, die Elga S. auf ihren Weg zur feministischen Theologie geführt haben.

»Der Prozeß war also vorbei, wir hatten uns verglichen, zwangsweise. Zehn Jahre sollte ich weiter Unterhalt bekommen, dafür den Kirchendienst verlassen. Materiell war das nicht allzu schlecht. Aber trotzdem schluchzte ich damals verzweifelt an der Schulter meiner Mutter, die extra nach Kassel gekommen war. Sie haben es sich was kosten lassen – aber sie haben mich ’rausgeschmissen. So gerne hätte ich weitergeforscht, denn das, was mir damals bewußt war, war ja erst der Anfang. Die Frauen, die auf das Prozeßende mit mir gewartet hatten, haben mich immer wieder gefragt, was denn jetzt werden sollte. Ich weiß noch gut, daß ich überhaupt nicht nachgedacht habe, als ich antwortete: Wir machen eine Frauenkirche.«

Dieser eher beiläufige Satz, mit dem sie sich die Tränen fortwischt, ist die endgültige Trennung zwischen Elga und ihrer Kirche. Zu Hause in ihrer großen, gemütlichen Wohnküche entstehen die ersten konkreten Gedanken zu dieser »Kirche der Frauen«. Die Frauen um sie herum formulieren gemeinsam, daß sie »von nun an so klar denken, so brennend lieben und so glühend vertrauen wollen, daß das christliche Patriarchat in uns und außer uns für immer dahinschmilzt«. Per Manifest werden wenige Wochen später die »Antithesen der feministischen Theologie« verbreitet. Auszug: »Der Herr hat, wie Ihr wißt, der Frau als Strafe auferlegt, dem Manne untertan zu sein, und seine Priester haben Euch wieder und wieder eingebleut, Ihr hättet schweigend für den Mann und seine Welt da zu sein. Wir aber sagen Dir, Du bist eine freie Frau aller Dinge und selbst verantwortlich für die Erschaffung der Welt, die Gestaltung einer vom Eros getragenen, bezaubernden Religion und Kultur.« Alle biblischen »Traditionen der Gewalt« und natürlich alle frauenfeindlichen Elemente sollen als »unheilig« aus der Bibel verbannt werden.

»Mein erklärtes Ziel ist es, der traditionell repressiven Kirche die unterdrückten Frauen zu entziehen, sie aus der seit 2000 Jahren bestehenden Selbstaufopferungs- und Unterwerfungsgemeinschaft zu befreien und die Kirchenmänner damit zur Auseinandersetzung zu zwingen. Auf die Befreiung soll dann freilich die Wiedervereinigung folgen. Wenn die Väter entmachtet werden, wenn Gott vom Schöpferstuhl fällt und der Göttin zu Füßen liegt, wenn seine Priester von ihren Podesten purzeln und ihre Hexenjagden, Göttinnen- und Frauenmorde endlich bereuen, dann können mächtige Frauen sich mit ihnen an einen runden Tisch setzen und gemeinsam nach Lösungen suchen. Es kann doch wirklich nicht sein, daß Frauen nur der Abglanz des Mannes sind, während Männer der Abglanz Gottes sein sollen.«

Sowohl in der evangelischen als auch in der katholischen Kirche formieren sich die Kritiker der Elga S. Ihr Weg in die Frauenkirche scheint wie eine Bestätigung ihres Rausschmisses. Noch dazu, wo sie inzwischen auch ganz deutlich von »Hexenkonventen« spricht, von Zusammenkünften »weiser Frauen« und von »Tempeln«, die mitten in Deutschland errichtet werden sollen, in denen man auch rauschende Feste feiern könne und das Dach abnehmen, damit die Sonne 'reinscheint. Die Männer will sie, wie auch die amerikanischen feministischen Theologinnen, keinesfalls ausschließen. Sie sollten sich nur ihrer eigenen Weiblichkeit und den Frauen öffnen.
Irgend jemand vergleicht in dieser »Frauenkirchengründerzeit« diese Elga S. mit Martin Luther, der seine Thesen vor 400 Jahren an die Tür der Schloßkirche zu Wittenberg genagelt hatte. Luther, sagt sie dazu, habe gegen die Auswüchse des Katholizismus gekämpft. Das sei ein Klein-Reinemachen gewesen gegenüber dem, was ihr vorschwebe. Sie will schließlich alle patriarchalen Altlasten wegfegen.

Während diese kleine, zierliche Person mit den lebhaften Augen den großen Krieg außerhalb der Institutionen führt, wirbeln in den evangelischen und katholischen Kirchen selbst die Frauen. Als dann auch noch Hamburg die erste evangelisch-lutherische Bischöfin der Welt erhält und in der Anglikanischen Kirche in England im gleichen Jahr Frauen zum Priesteramt zugelassen werden,

geraten die Stimmen der Frauen in der katholischen Kirche immer lauter und fordernder. Sie fragen auf katholischen Diskussionsabenden nach der ersten katholischen Bischöfin, nach der Teilhabe als Diakonissin und Priesterin. Für die Zulassung von Frauen zu Diakonat und Priesteramt sprechen sich alle katholischen Deutschen Frauenbünde aus. Sie wollen als »Geschöpfe Gottes« an allen Gremien und Ämtern in Kirche und Gesellschaft beteiligt werden. Auch müsse dringend über die Zulassung verheirateter Männer zum Priesteramt nachgedacht werden. Theologische Forschung und Inhalte müßten mehr aus dem Empfinden und Denken von Frauen gestaltet werden. Der Alltag von Frauen sei in der katholischen Kirche immer noch zu wenig präsent. Bis dies allerdings an die Ohren der verantwortlichen Männer, der Bischöfe und Kardinäle gelangt, scheint es ein mühsamer Weg. Manche Papiere, von engagierten Katholikinnen verfaßt, werden gar von diesen Männern überhaupt nicht beantwortet. Kommt dann doch ein Schreiben, gehen diese Herren mit keinem Wort auf die Forderungen der Frauen ein. So wundert es nicht, wenn in den letzten Jahren vor der Jahrtausendwende auch immer mehr engagierte Männer auf seiten der Frauen in den Kirchen um Gleichberechtigung kämpfen. Zwar mit wohlgesetzten Worten: »Es geht beim Aufbruch von Frauen in Liturgie und Kirche nicht um einen revolutionären Akt«, aber klar in der Sache. Die Kirche, so fordern es immer mehr Theologen, müsse jederzeit bereit sein, kritische Fragen von Frauen zuzulassen, um verlorene Traditionen wiederzuentdecken und neue Wege zu finden.
Elga S. zweifelt am Erfolg dieses Aufbegehrens in den Hierarchien. Sie hat sich auch schon viel zu weit entfernt von ihrer alten Kirche. »Lupenreiner Männerbund« fällt

ihr da nur noch ein. Wenn Frauen je hätten mitreden dürfen, wäre es nie so weit gekommen. Davon ist sie fest überzeugt. Sie will jetzt lieber leben, lieben. Mit einer Ritual-Gruppe arbeiten, in der Gruppe beten, mit Zielen, klaren Frauenzielen. Denn für sie sei jetzt alles erlaubt – nur nicht den heiligen Geist des Lebens selbst zu beschädigen. Wie kommt sie damit zurecht, daß es unverändert Millionen Menschen auf der Welt gibt, die die Kirchen brauchen wie andere die Luft zum Atmen? Auch und gerade die Frauen?

»Dagegen spricht doch nichts, das kann ich mir gut vorstellen. Aber was sich bisher in der Menschheit bewegt hat, hat sich trotz unseres Sündenbewußtseins bewegt. Für mich bleibt das einzig Richtige die Nicht-Sünde. Alle Fehler sind dazu da, wieder gutgemacht zu werden. Nur wenn die Sünde zum Prinzip erhoben wird, ist es nicht mehr produktiv. Wenn die Menschen früher Jesus begriffen hätten, wäre die Weltgeschichte anders verlaufen. Denn Jesus war ein guter, sprituelller Jude. Er lebte in Übereinstimmung mit der heiligen Natur. Den Hauptwiderspruch zwischen Mensch und Natur hat Jesus damals aufgelöst. Soweit, daß die orthodoxen Juden ihn zum Tode bringen mußten, weil er so revolutionär war. Wenn er sagt, ich bin des Menschen Sohn, der auf den Wolken des Himmels kommt, so gebraucht er eine kosmische Größe für sich selbst. Das einzige, was er jemals über sich selbst sagt, ist, ›Ich bin der Menschensohn‹. Das ist die Lebenskraft. Sie ist frei verfügbar. Jeder kann sie spüren und muß sich niemandem unterwerfen.«

Bleibt die Frage offen, wie sich die Thesen der kämpferischen Ketzerin Elga S. mit den Nöten der Frauen in den Kirchen verbinden lassen, um gemeinsam für mehr Gleichwertigkeit in den Kirchen zu sorgen. Schließlich liefert die feministische Theologie noch keine abschließende Antwort darauf, ob sich die in einem weiblichen Gottesbild repräsentierte menschliche Identität von Frauen verbinden läßt mit dem entpatriarchalisierten Gottesbild Jesu. Das wird wohl nur möglich sein, wenn sich das Christentum mit seinen kirchlich-theologischen Institutionen versöhnen kann und wenn es bereit ist, die weiblichen religiösen Werte bewußt wieder in seine Symbolik zu integrieren. Nur wenn dies geschieht, werden Frauen in Zukunft ihre vollen Rechte in den Kirchen wahrnehmen können und sich – was noch wichtiger scheint – auch mit ihrem ganzen Frausein in den Kirchen und in der Theologie zu Hause fühlen.

70 Kilo in einem Jahr

Warum Monika so dick wurde und wie sie es dann doch wieder zum Normalgewicht geschafft hat

Jede dritte Frau in Deutschland kämpft mit ihren Pfunden. Jede zweite gar ist nicht zufrieden mit ihrer Figur. Hunderte von Illustrierten sorgen sich um diese Frauen: Rechtzeitig vor dem Sommer, zur Urlaubszeit oder nach den Weihnachtstagen, als angebliches Mittel gegen Frühjahrsmüdigkeit oder herbstliche Depression drucken sie Spezialdiäten ab. Immer ist das Rezept: ohne viel Aufwand ein Maximun an Erfolg. Deutlich weniger Kilogramm auf der Waage, eine bessere, knackigere Figur. Die folgende Geschichte erzählt von einer jungen Frau, Mutter von fünf Kindern, die es nach unzähligen Diät-Versuchen geschafft hat, wieder ihr Normalgewicht zu erreichen. Ein Gewaltakt – von 149 Kilogramm auf 68 Kilogramm – in einem Jahr.

Enge rosa Jeans hat sie an, ich schätze Größe 40, dazu ein braunes Seiden-Top mit Spaghetti-Trägern. Monika trägt ihre dunklen Haare im Nacken zusammengebunden und wirkt rundherum jung, frisch, lebendig und beweglich. Das soll die 39jährige junge Frau auf dem Foto sein? Rund wie eine Tonne war sie da doch, mit dicken, wulstigen Oberarmen, einem kreisrunden Gesicht und kleinen, ein wenig zusammengekniffenen Augen. Kaum zu glauben, aber wahr. Noch dazu, daß das Foto und die Wirklichkeit nur zwölf Monate auseinanderliegen.

Monika M. hat geschafft, was sich in Deutschland jede dritte dicke Frau wünscht: abzunehmen, und zwar nachhaltig und deutlich. Sie wog vor einem Jahr noch 149 Kilogramm, bei einer Größe von ein Meter achtundsiebzig. Heute sind es 68 Kilogramm. Ihre Geschichte ist nachvollziehbar, nachlebbar, einfach typisch für alle übergewichtigen Frauen in unserem Land. Auch bei Monika nahmen das Dickwerden und dann das Abnehmen im Kopf seinen Anfang.

»Ich hatte drei Brüder zu Hause, die waren richtig dünn. Meine Eltern habe ich als ganz normal in Erinnerung, nicht dünn, nicht dick. Jetzt kann es ja sein, daß ich genetisch die Anlage zur Fetteinlagerung habe, aber auf meinen Kinderbildern finde ich mich nicht dick, wenn ich die mit Babyfotos von anderen vergleiche. Erst mit zehn, elf Jahren kam dann das richtig dicke, übergewichtige Aussehen. Das war, als ich ins Internat kam.«

Im Internat, einer Nonnenschule, ist die Zehnjährige todunglücklich. Sie hat große Schwierigkeiten mit den Lehrern und Schulvorgesetzten. Immer machen sie Monika zum Sündenbock, wenn jemand 'was angestellt hat. Aus für sie unerklärlichen Gründen bestrafen die Lehrer stets das große, starke Mädchen. Die Klassenkameraden dagegen mögen Monika. Sie ist ein Superkumpel, stets hilfsbereit und freundlich. Sicher, sie hat auch Gegnerinnen, die versuchen sie zu provozieren. Ihr Kopf rät ihr, sich nicht darauf einzulassen – aber das Temperament geht mit ihr durch. In den Augen der Nonnen ist es immer Monika, die Unruhe stiftet. Dabei geben die Schulleistungen des Mädchens keinen Anlaß zur Klage. Nach drei Jahren erkennen die Eltern, wie unglücklich Monika in diesem Internat ist. Sie kommt auf eine andere Schule, wieder ein Internat, wieder Nonnen. Da geht es dennoch ein wenig besser.

»In dieser Zeit wurde ich unmerklich, schleichend immer dicker. Schon bevor ich ins Internat kam, bin ich nachts gerne an den Kühlschrank. Ich gehöre anscheinend zu den Menschen, die jeglichen Frust im wahrsten Sinn des Wortes in sich hineinfressen. Zu Hause hatte ich zwar nicht so viel Streß, als einzige, geliebte Tochter, auf die zwar auch ein wenig mehr achtgegeben wurde. Aber ich erinnere mich, einmal sagte ein Freund zu meinem Bruder: ›Du, ist das wirklich deine Schwester? Da siehst du ja aber immer noch unheimlich gut aus.‹ Das hat mich voll getroffen, das war so schlimm für mich. Aber durch den Schock habe ich mit 16 Jahren ganz energisch wieder abgenommen.«

Monikas Vater achtet als Arzt sehr darauf, daß sich seine einzige Tochter nicht weiter so in die Breite entwickelt. Seine Worte fallen auf fruchtbaren Boden – dennoch dauert es, bis das Mädchen endlich selbst handeln kann. Bis sie selbst die raffinierten Methoden durchschaut, mit denen sie sich immer heimlich mit Essen versorgt. In einem Urlaub mit den Eltern greift der »Kick«, wie ihn die Sechzehnjährige schon damals nennt. In dem Feriendorf im Sauerland gab es weder Supermärkte noch Tante-Emma-Läden. Monika kann sich nicht mehr nebenbei versorgen, und sie entschließt sich, morgens ganz wenig zu essen. Von allem, aber sehr viel weniger. Das hält sie über Mittag durch, und auch abends. In kürzester Zeit, in den drei Urlaubswochen, nimmt sie 20 Kilogramm ab. Nach den Osterferien erkennt ein Großteil der Klasse das Mädchen nicht wieder. Und mit 17 Jahren ist sie dann richtig schlank. Über viele Jahre hinweg kann die junge Frau jetzt ihr Gewicht halten. Bis zur ersten Schwangerschaft. Das hatte der medizinisch gebildete Vater warnend vorhergesagt. Er rät ihr auch jetzt eindringlich, auf ihr Gewicht zu achten. Da sie aber jetzt schlank ist, kann Monika das gar nicht richtig begreifen. Sie glaubt einfach nicht daran, daß sie je wieder eine Dicke werden könnte …

»Ich war schon immer eine große Reise-Tante. Rund um die Welt bin ich in diesen Jahren gefahren. Was halt so finanziell ging. Ich arbeitete nach dem Abitur als Zahnarzthelferin, ein Studium habe ich mir nicht zugetraut. In dieser Zeit gab es auch manche Verehrer, aber nie eine längere, ganz feste Beziehung. Ich habe mir das zwar immer gewünscht, aber es hat sich einfach nicht ergeben. Mit 27 Jahren bin ich dann meinem Mann begegnet. Er ist Japaner, wurde von einer Freundin mitgebracht und sang zur Gitarre wunderschöne, selbstkomponierte Lieder. Ich war mir sicher, daß das der richtige Mann für mich ist, obwohl er um einiges kleiner war. Wir haben uns immer auf Englisch unterhalten, das kann ich gut, weil meine Mutter aus Schottland kommt und mit uns nur Englisch gesprochen hat. Ich sollte ihm Deutsch beibringen, und dann ging das ganz normal weiter. Aber bis heute muß ich immer wieder feststellen, nach nun 11 Jahren, daß ich den Richtigen geheiratet habe.«

Als Monika schwanger wird, heiraten die beiden. Finanziell scheint alles geregelt, ihr Mann arbeitet noch bei der japanischen Botschaft. Die junge Frau kocht ehrgeizig Abend für Abend die tollsten Menüs, sie glaubt daran, daß die Liebe durch den Magen geht. Damit sie bleibt, die Liebe, gibt es viel zu essen. Das Leckerste vom Leckersten, und an den Wochenenden wird ausgiebig englisch gefrühstückt, mit ham and eggs, wie sie es von ihrer Mutter her kennt. Monika nimmt bis zur Geburt von Shimon 25 Kilogramm zu – zwölf sind in den neun Schwangerschaftsmonaten normal. Der Hausarzt schüttelt zwar den Kopf, sagt aber nichts. Nur als er gefährliche Blut- und Plazentawerte feststellt, verordnet er Medikamente und weist auf eine wahrscheinlich schwierige Geburt hin. Mit einer Lumbal-Anästhesie geht dann doch alles gut. Das Kind ist gesund, und die Mutter kann ihr Gewicht von 109,7 Kilogramm auf 90,3 Kilogramm verringern. Aber Monikas Eßverhalten ändert sich nicht.

»Bei meinem zweiten Sohn habe ich dann wieder so wahnsinnig zugenommen – 28 Kilogramm in den neun Monaten. In dieser Zeit sind wir auch zu den Eltern meines Mannes nach Japan gefahren, da wog ich 95 Kilogramm und bin ganz schön aufgefallen. Erstaunlicherweise habe ich aber in Japan ohne weniger zu essen vier Kilogramm abgenommen. Die japanische Küche wäre schon damals für mich ein Tip gewesen. Aber ich habe mich damit noch nicht so sehr beschäftigt. Es hat mir noch nicht viel ausgemacht. Ich war glücklich mit meinem Mann, erwartete das zweite Baby, und es ging uns gut. Die Kinder hatten übrigens immer so um die 7 Pfund, also ganz normales Geburtsgewicht. In dieser Zeit beschwerte sich mein Mann bereits über mein ungesundes Essen. Brotbelag zum Beispiel, dick Leberwurst, möglichst noch auf einer Butterschicht, oder Salamiräder, oder Fischstäbchen in viel Öl, damit sie nicht anbrennen. Das hat ihn schon immer wahnsinnig gestört, denn die Japaner, die ich kenne, leben sehr gesundheitsbewußt.«

Ihre Körperfülle wächst mit der Zahl der Schwangerschaften. Nimmt Monika mit großer Disziplin nach dem zweiten Sohn wieder 23 Kilogramm ab, so bringt sie am Ende der dritten Schwangerschaft schon 119 Kilogramm auf die Waage. Jede Treppenstufe fällt ihr schwer, lange Spaziergänge sind längst gestrichen. Ihr Mann nimmt sie nirgendwohin mehr mit, sie will auch gar nicht, igelt sich ein mit ihren drei kleinen Kindern. Will ihr Mann Fotos von den Kindern machen, verschwindet die junge Mutter ganz schnell aus dem Blickwinkel der Kamera. Pullover strickt sie sich selbst, auch die dicken Jacken. Ein Schneider aus der Nachbarschaft erbarmt sich ihrer und näht zwei Hosen. Als er Monikas Maß nehmen muß, ist es ihr zwar sehr unangenehm, aber sie schiebt ihr Gewicht und die nun fast jährliche Zunahme auf ihre Schwangerschaften.

»Wir wollten immer mehrere Kinder, vor allem eine Tochter. Also wurde ich ein viertes Mal schwanger, nach drei Söhnen. Mein Anfangsgewicht lag damals bei 99 Kilogramm, das Endgewicht bei 124 Kilogramm. Monat für Monat habe ich halt fünf, sechs Kilogramm zugenommen, sicher war auch viel Wasser dabei, aber trotzdem. Das vierte Baby war auch wieder ein Junge, nach der Geburt nahm ich gerade mal knapp zwei Kilogramm ab, sonst ging dann überhaupt kein Pfund mehr 'runter … eine dicke, unförmige, unbewegliche Tonne war ich, die oft kaum noch ihren Haushalt richtig erledigen konnte. Wir lebten von knapp 2000 Mark, das ging. Denn die Miete für das kleine Häuschen mit Garten und Garage war relativ günstig, 650 Mark kalt. Für die Kinder war das super, die konnten ohne viele Verbote aufwachsen.«

Monikas Mann beginnt, sich um seine Frau Sorgen zu machen. Er rät ihr dringend zu einer Diät. Sie hat Atembeschwerden, kann sich kaum noch bewegen und beginnt die soundsovielte Schlankheitskur. Da sie das aber schon so oft ankündigte, kann ihr ihr Mann nur noch schwer glauben. Schließlich hat sie schon alle Diäten ausprobiert, die so in den einschlägigen Heften und Büchern angepriesen werden: die Nulldiät, elf Tage nur Wasser. Da nimmt sie zwar 15 Kilogramm ab, hat die aber hinterher wieder ganz schnell drauf. Apfeldiät, Obstdiät, bis ihr alles oben steht und sie kein Obst mehr sehen kann. Reistage, Kohlehydratdiät, nur Eiweiß, Kartoffeln, eingeweichte Brötchen. Alles wird mit Elan begonnen, aber nach 10, 11 Kilogramm weniger wieder gestoppt. Monika erlebt das als Scheitern und stürzt sich oft total verzweifelt in die alten Eßgewohnheiten.

»Mit den Weight Watchers habe ich persönlich die besten Erfahrungen gemacht. So in der Gruppe reden und das Eßverhalten ändern, das hat mir geholfen. Aber dann sind wir umgezogen, und ich konnte mir die Fahrkosten zur Gruppe von wöchentlich 28 Mark nicht mehr leisten. Ich habe also aufgehört und fiel prompt in die alten Eßgewohnheiten zurück. Fleisch, Fisch, Süßigkeiten zu allen Tageszeiten. Dabei hatte ich auch immer so ein heimliches Hinter-dem-Rücken-Gehabe, damit mein Mann nichts merkt. Ich habe dann wieder alles 'reingeschaufelt, wie eine Sucht, so stelle ich mir das auch mit Alkohol und mit Drogen vor. Manchmal habe ich dann auch tagsüber ein Gläschen Sekt gekippt, gar nicht darauf geachtet, was ich so alles in mich hineinschaufle und -schütte. Nach eineinhalb Jahren bin ich dann noch einmal zu den Weight Watchers mit meinen 125 Kilogramm – aber da war der ganze Elan aus der ersten Zeit weg, und auf dem Rückweg von der Gruppe bin ich immer zu einer Imbißbude und habe mir Pommes oder Hamburger gekauft. Im Kopf dachte ich, meine Eßdisziplin beginnt ja erst morgen – und heute ist heute. Im Grunde habe ich mich im Kopf gar nicht geändert.«

Monika wird ein fünftes Mal schwanger. Da wiegt sie genau 122,5 Kilogramm. Sie wollten beide unbedingt nach vier Söhnen noch eine Tochter. Es wird ihre gefährlichste Schwangerschaft. Der Körper macht kaum mehr mit, jede Bewegung gerät zur Qual, das Herz spielt verrückt, und oft sitzt Monika atemlos in einer Ecke. Wieder reagieren auch das Blut und die Zusammensetzung der Plazenta: Der Hausarzt diagnostiziert gefährlich hohe Werte. Monika und ihr Mann sind sich einig: Egal ob Junge oder Mädchen, nach dem fünften Kind wird sich die gerade erst 39jährige Frau sterilisieren lassen. Es wird eine Tochter, und Monika wiegt 147,5 Kilogramm. Im Krankenhaus entkommt sie gerade noch der Wäschewaage.

»Ich war gestreßt und total mit den Nerven ’runter. Ich wog schließlich das Doppelte wie mein Mann. Mußte quasi noch eine zweite Person ständig mit mir herumbewegen. Da riet mir eine Nachbarin zur Kur. Die gäbe es bei der Caritas oder beim Müttergenesungswerk, und ich sei doch jetzt wirklich ein Fall für eine solche Hilfsmaßnahme. Erst konnte ich mich mit dem Gedanken gar nicht anfreunden, was wird mit den Kindern, wer versorgt den Haushalt, den Mann, was tue ich dick und ganz allein so weit weg? An die Zeiten als Globetrotterin dachte ich sowieso kaum mehr. Aber ich habe dann diese Kur beantragt, sehr langsam, sehr behäbig. Aber immerhin. Dazu durfte ich noch eine Haushaltshilfe anfordern, die wurde auch von der Kasse bezahlt, vier Wochen lang. Ich konnte das erst gar nicht fassen. Als dann alles feststand, da hat sich in meinem Kopf was verändert. Das war wie ein Kick. Mir schwirrte der Kopf. Mir, der ehemaligen Globetrotterin, die ich in den vergangenen zehn Jahren das Reisen gar nicht so vermißt hatte, weil ich ja wie in einem Teufelskreis steckte, unförmig dick, häßlich, dazu fehlte das Geld an allen Ecken und Enden, mein Mann mußte eine Umschulung machen, der hatte keine abgeschlossene Berufsausbildung. Und jetzt kommst du 'raus, dachte ich, nach Norderney, ans Meer. Da habe ich mich so darauf gefreut, daß ich an diesem Tag schon ohne Anstrengung mein Eßverhalten geändert habe.«

Monika fährt mit einer Freundin nach Köln in ein Spezialgeschäft für Übergrößen und kleidet sich neu ein. T-Shirts, Hemden und weite Hosen. 2000 Mark gibt sie dafür aus – für ihre Verhältnisse eine riesige Summe. Denn ihr war es jetzt wichtig, gut auszusehen. Dazu ißt sie von einem Tag auf den anderen weniger fette Sachen. Nimmt schon drei Kilogramm ab, bevor sie überhaupt auf Norderney ankommt. Wobei sie dort bei der Ankunft mit ihren 149 Kilogramm angibt, gar nicht wegen ihres Gewichtes diese Kur beantragt zu haben. Sondern wegen ihrer Schuppenflechte, die plötzlich nach dem dritten Kind bei ihr aufgetreten war. Dennoch wählt Monika auf freiwiliger Basis einen Abnehmertisch – an dem sie die dickste ist.

»Wir waren da ein harter Kern von acht Frauen. Es gab 1400 Kalorien, auf Vollwertbasis. Immer mit Suppen und Nachtischen, aber eben alles mit weniger Kalorien. Wir dachten erst, da nimmt man nicht ab. Aber die Ernährungswissenschaftlerin sagte uns, daß wir in den vier Wochen zehn Kilo abnehmen würden – und so war es dann auch. Als ich nach Hause fuhr, hatte ich schon das Gefühl, wie Marilyn Monroe auszusehen. Obwohl da noch 60 Kilogramm in der Rechnung fehlten. Aber ich fühlte mich schon ganz schlank, und damit wuchs auch mein Selbstbewußtsein wieder. Da war's dann keine Frage, daß ich zu Hause weitermachte. Mit einem Buch unter dem Arm kam ich von den ersten Einkäufen zurück, ein Buch über Kalorien. Denn ich wollte mit meiner Familie immer alles mitessen, nur eben nicht die 1400 Kalorien überschreiten. Mittags gab es sowieso nie etwas Warmes, nur eine Kleinigkeit für die Kinder. Aber abends, wenn mein Mann heimkam, immer. Jetzt gab es plötzlich immer Salat dazu, und Gemüse. Ich erkannte die Dickmacher und habe sie einfach nicht auf meinen Teller gepackt. Alkohol war ein halbes Jahr gestrichen, Fett reduziert, aber Spaghetti gab es immer für mich, darauf zu verzichten hätte ich nicht geschafft. Auf was ich Lust hatte, habe ich mir gegönnt. Aber immer unter 1400 Kalorien, später unter 1200, Wenn wir eingeladen waren, habe ich das eingeplant. Und irgendwie hatte ich auch nicht mehr einen so großen Appetit.«

Genau ein Jahr dauert Monikas Abnehm-Phase. Jeden Monat purzeln zehn Kilogramm. Manchmal auch mehr, manchmal stoppt die Waage. Ohne ärztliche Betreuung steht die junge Frau das durch. Ihr Verstand sagt ihr, daß sie viele Vitamine zu sich nehmen muß, ausreichend

Eiweiß und bei Wadenkrämpfen Magnesium und Calcium. Erst nach über einem halben Jahr sucht sie den Hausarzt auf, der ihr weiter Mut macht. Wenn sie alles so unter Kontrolle hielte, könne nichts passieren, beruhigt er vor allem den besorgten Ehemann. Vorbei die Zeiten, als Monika beim geringsten Treppensteigen Ohrensausen bekommt und nichts mehr hört.
Was sie jetzt ebenso wie ihren Hausarzt braucht, ist ein günstiger Schneider. Sie läßt sich alles enger nähen, für neue Klamotten reicht das Geld nicht. Als sie 50 Kilogramm weg hat, geht sie in ein Kaufhaus und ersteht ihre ersten eigenen Hemden. Die würde sie auch mit ihrem angepeilten Normalgewicht noch tragen können. Deshalb die Ausgabe. Nach genau zwölf Monaten erreicht Monika ihr Ziel: Sie wiegt nicht mehr 149, sondern 68 Kilogramm.

»Heute versuche ich noch manchmal meinen Mann hochzuheben, schließlich wiegt er soviel, wie ich abgenommen habe. Also genau das, was ich da so täglich mit mir herumgeschleppt habe. Aber ich krieg' ihn gar nicht hoch. Ich kann es mir auch gar nicht mehr vorstellen, wie das damals alles gelaufen ist. Die Kinder sagen nicht viel, nur, daß ich noch ein bißchen was am Bauch machen sollte, damit ich wieder mit ihnen schwimmen gehen kann. Auch der ganze Freundeskreis hat sich verändert, erneuert. Die alten Freunde, die haben sich irgendwie zurückgezogen. Wahrscheinlich wollten die mich nur als watschelndes Monster. Als ich dünner wurde, haben die alle Kontakte abgebrochen. Ich verstehe das nicht, ich selbst habe mich doch gar nicht geändert.«

Was Monika vergißt, sind ihre psychischen Probleme in der Zeit dieser gewaltigen Gewichtsreduktion. Es ging doch alles sehr schnell, und die junge Frau schwankte zwischen Höhenflug und Depression. Sie bemerkt das veränderte Verhalten der Menschen, kann es noch nicht richtig einordnen. Waren früher die Leute oft sehr unfreundlich, ja häßlich zu ihr, wandte sich das ins Gegenteil, wenn die schlanke, große Frau irgendwo auftrat. Der Beamte auf dem Arbeitsamt, der der jungen Familie in der Umschulungsphase des Vaters Arbeitslosenunterstützung zu überweisen hatte, war plötzlich zuvorkommend und nicht mehr so kaltschnäuzig und hartherzig. Die Handwerker kamen wie ausgemacht, die Verkäuferinnen an den Kassen – alles veränderte sich für Monika.

»Es kann schon sein, daß ich auch anders auftrete. Selbstbewußter, sicherer. Aber bei vielen Menschen bin ich noch sehr reserviert. Die lächeln einem zu, sind erstaunt, was ich da rein optisch geschafft habe. Aber ich muß noch lernen herauszufiltern, wo ein ernstes menschliches Interesse an meiner Person besteht und wo es nur Neugierde ist. Es ist alles total neu für mich. Auf alle Fälle fühle ich mich jetzt viel geachteter als als Dicke.«

Monikas Mann arbeitet inzwischen nach der Umschulungszeit als Übersetzer und Dolmetscher und halbtags als Redakteur bei einer japanischen Wirtschaftszeitung. Viel sagt er nicht zu seiner neuen, alten Frau. Nur, daß er sie jetzt ohne Kommentar ihre Nachthemden bügeln läßt. Früher hat er das nicht verstanden, die wurden doch sowieso immer ganz glatt, wenn Monika sie überstreifte. Er hatte das damals auch gar nicht böse gemeint, sondern einfach nur als sinnvollen Beitrag zur Arbeitsersparnis. Als seine Frau nach diesem Jahr mit ihm über ihr Bauchfett spricht, kann er gut verstehen, daß sie das ändern möchte. Da sich doch sonst alles bestens zurückgebildet hat: die Haut auf den Oberarmen, an den Beinen und auch der Busen.

»Mein Hausarzt hat mich da auch unterstützt. Diese Fettrolle auf dem Bauch würde ich auch nicht mit stundenlanger Bauchgymnastik wegtrainieren können. Er hat mir einen Schönheitschirurgen empfohlen. Der hat das Fett am Bauch dann so richtig 'runtergeschnitten, auch ein wenig abgesaugt. Aber nicht viel, nur so ein Kilogramm. Zur Abrundung des Bildes, hat er gemeint. Wenn ich überall faltig gewesen wäre, dann hätte ich das vielleicht gar nicht gemacht, aber so ist das jetzt super. Ich habe nur einen winzigen Schnitt auf dem Unterbauch. Nicht mal eine wulstige Narbe, die bei manchen abgeschliffen wird. Gezahlt hat das auch noch die Krankenkasse, ich hätte mir das sonst gar nicht leisten können. Zehntausend Mark kostete der ganze Eingriff.«

Monika bewältigt heute ein intensives Trainingsprogramm, neben Haushalt und den fünf Kindern. Brustgymnastik für den Busen, Calanetics, Jazz-Dance und Aerobic für ihr ganzes Körpergefühl. Von Krafttraining und Maschinen hält sie weniger. Sie freut sich auf die Gruppe, auf die Frauen, die sich einmal die Woche mit ihr treffen. Ihr Hausarzt rät ihr immer wieder, jetzt nichts zu übertreiben. Denn der Kreislauf und das Herz haben ja eine gewaltige Veränderung zu bewältigen. Und schon manch einer trug nach einer erfolgreichen Diät einen satten Herzfehler davon. Worauf sie aber weiter viel Zeit verwendet, ist die Zubereitung des Essens und das Kalorienzählen.

»Dabei habe ich richtig verlernt, manche Sachen noch zu mögen. Zum Beispiel meine einst so geliebte Salami, oder die Bockwurst. Statt dessen essen wir alle die fettarme Geflügelwurst. Es gibt auch keine Teewurst mehr, obwohl mir die noch am ehesten fehlt. Und das gemütliche Sonntagsfrühstück ist jetzt auch nicht ungemütlicher ohne ham, den salzigen Schinken, oder bacon, den Speck. Was mich auch noch wundert: Ich mag gar keine Pommes mehr, früher hab' ich immer mehrere Tüten am Tag in mich 'reingeschoben. Mein ganzer Geschmack hat sich geändert. So von fett auf pikant. So könnte ich das überschreiben. Ich esse immer noch zu Hause alles mit, aber eben weniger. Und meine Gedanken kreisen jetzt nicht mehr ewig um Essen herum. Jetzt hat auch noch ganz viel anderes Platz in meinem Kopf.«

Monikas Mann rät seiner Frau zu einer Psychotherapie. Davon ist sie nicht begeistert, macht aber einen Termin aus und geht auch hin. Aber der Therapeut ist der jungen Frau nicht gerade sympathisch. Sie weiß auch gar nicht, warum sie ihm ihr ganzes Leben und ihre Eßsucht erzählen soll. Bis jetzt habe sie doch schließlich auch alles allein geschafft. Da läßt sie das ganze Unternehmen und macht so weiter wie bisher.

»Eines muß ich aber schon noch sagen: Ohne meinen Mann hätte ich das gar nicht gepackt. Er mußte schließlich immer meine ganzen Tricks und Spleens ertragen, er hat mich in all den dicken Jahren nicht verlassen, nicht nach anderen Frauen geschielt. Die Kinder sind ihm wahnsinnig wichtig, und er hat immer sehr viel Zeit für seine Familie. Wo gibt es das heute noch?«

Monikas Geschichte endet hier. Sie ist sich ganz sicher, daß sie nie mehr dick werden will und nie mehr dick wird. Dazu fühlt sie sich heute viel zu gut, um dies noch einmal aufs Spiel zu setzen. Damit sie ja nicht schwach wird, trägt sie eines der seltenen Fotos aus ihrer dicksten Zeit in ihrer Brieftasche. Manchmal holt sie es 'raus, schaut sich an wie eine Fremde und steckt das Bild kopfschüttelnd wieder ein. So will sie nie mehr aussehen.

Nachwort

Vom Frausein in Deutschland. Elf Geschichten, die Mut machen

Die Hand, die die Wiege bewegt, bewegt die Welt. Das ist ein schönes, altes spanisches Sprichwort. Und wer hat denn seit Menschengedenken die Wiege bewegt? Wir Frauen. Als kleine Töchter, um die überlastete Mutter zu erfreuen, als Babysitterinnen, um uns das Studium zu verdienen, später als junge Mütter und noch viel später als Großmütter. Während wir geruhsam wiegen, handeln jedoch die Männer. Und das hat sich bis zum heutigen Tage, kurz vor der Zweitausendjahreswende, nicht sehr verändert.

Mit elf Frauen aus allen Teilen Deutschlands habe ich mich getroffen. Ihnen bei ihren Geschichten zugehört und mehr denn je festgestellt, daß es unglaublich viele mutige, wütende, aufmüpfige Frauen in unserem Lande gibt. In allen Gesellschaftsschichten und Altersklassen. Frauen, die sich für ihren ganz eigenen Weg entscheiden. Ungewöhnlich und erstaunlich. Sie bewegen die Wiegen und dazu auch die Räder in ihrem Leben. Egal, ob in den großen Städten oder weit draußen auf dem Land. Verheiratet, geschieden, alleinerziehend. Meist auch in komplizierten Beziehungsgeflechten verwoben, ob mit dem Partner, den Eltern oder den Kindern. Was diese elf Frauen miteinander verbindet: Keine hat je aufgegeben, nie klein beigegeben. Weder die jüngste, mit ihren 26 Jahren, noch die älteste mit 63. Einig vor allem in einem: Frau zu sein in Deutschland erfordert ganz schön viel Kraft.

Weil Frauen vor allem auch eines sein wollen: Menschen. Gleichwertig und gleichberechtigt wie alle Männer. Sie wollen teilhaben am privaten und am öffentlichen Leben. Wie Männer auswählen, ob sie heiraten, Kinder bekommen, im Beruf Karriere machen, oder ob sie einen dieser Punkte à conto Lebenssituation streichen.
Gerade junge Frauen werden nicht müde, die Hälfte der Welt zu fordern und die Hälfte des Hauses an die Männer abzutreten. Sie sind heute bestens ausgebildet, hochmotiviert und nur noch bereit, mit partnerschaftlich denkenden Männern ihr Leben und ihre Kinder zu teilen. Sie schlendern cool über Pfade, die ihnen die Mütter noch mit heißem Herzen freigeschlagen haben. Ahnend, daß sie sich auch weiterhin Schritt für Schritt den Erfolg erkämpfen müssen. Die Fallen können sie sehr wohl benennen: Mutterschaft, sexuelle Gewalt, Girlie-Image.

Dieses Buch will allen Frauen in allen Altersstufen Mut machen. Den jungen Müttern, mittendrin im Clinch mit den drei Ks: Kinder, Küche und gar Kirche. Denjenigen, die sich mit brillantem Abitur und gutem Abschluß an der Universität entschließen, ohne Kinder durchs Leben zu gehen. Die Nähe bei Freundinnen finden und vielleicht als vielgeschmähte Geliebte den Traummann mit einer anderen – der Ehefrau – teilen müssen.
Aber auch den Ehefrauen, die in dieser Situation eben nicht wie einst »Hillu« den Mann rauswerfen und später mit gezielten Äußerungen seine wirtschaftliche Zukunft in Frage stellen. Frauen, die vielleicht im sozialen Bereich oder in einem Ehrenamt wichtige Arbeit leisten, die von

der Gesellschaft weder gesehen, geschweige denn honoriert wird. Ich denke da an die »Tafeln« in allen großen deutschen Städten, die mit Lebensmittel- und Essensresten vom Großmarkt oder von verschmähten Buffets die wachsende Zahl der Armen in unserem Lande versorgen. Frauen, die heute bei der Berechnung ihrer Renten feststellen, daß sie zwar zu Hause Kinder großgezogen haben, den Männern im Beruf den Rücken freigehalten und auch zusätzlich für die sozialen Kontakte im Privatleben verantwortlich waren – die aber unterm Strich im wahrsten Sinn des Wortes draufgezahlt haben. Noch immer erhalten Frauen nicht die gleichen Renten für ihre Lebensleistung – oft inklusive Trümmerfrauentätigkeit nach dem Krieg – wie Männer im Berufsleben. Unser ganzes Rentensystem stinkt zum Himmel in puncto Gerechtigkeit. So wundert es nicht, wenn auch in diesem Buch deutlich wird, daß die Armut in Deutschland alt und weiblich ist.

Als am 9. November 1989 die Mauer zusammenbrach, die Menschen sich in Ost und West vor Freude taumelnd in die Arme fielen, war nicht klar, welche Ungerechtigkeiten gerade für die Frauen diese Wiedervereinigung bringen würde. Auch davon erzählt dieses Buch. Von der wachsenden Zahl der arbeitslosen Frauen, von den Frauen, die sich sterilisieren lassen, um einen Job zu bekommen, um nie mehr schwanger zu werden. Von der Hoffnungslosigkeit und den bitteren Sätzen, daß es trotz Kommunismus und einer gefängnisartigen Situation in der DDR doch in vielen Bereichen für Frauen und Kinder sehr viel besser gewesen sei als heute. Aber auch von starken Frauen wird erzählt, die sich wehren und eben nicht alles hinnehmen, was ihnen da jetzt so von Männern übergestülpt wird.

Wer nicht vorkommt, das sind Hera Lind und ihre toughen Schwestern. Denn da jagt ja immer mit Erfolg die Zauberfrau das Superweib. Mit dem Hammer suggerieren die Autorinnen derartiger Bücher, daß wir Frauen ja gar nicht nach Selbständigkeit streben sollten. Gut, die Männer verlassen uns, oder wir verlassen sie, aber dafür findet doch jede stets den noch besseren Ersatz. Einen, der uns begehrenswert findet und auf Händen trägt, auch wenn die 40 längst überschritten sind. Sicher: Millionen Frauen lesen diese Geschichten gerne. Denn jeder braucht irgendwelche Märchen. Aber die vorliegenden Porträts und Gespräche haben doch eher etwas mit der Wirklichkeit unseres Frauenlebens in Deutschland zu tun.

Damit, daß wir 54 Prozent aller Wählerinnen stellen – und nur 22 Prozent Frauen im Bundestag sitzen. Daß es nur zwei Ministerinnen gibt und eine einzige Ministerpräsidentin. Daß die Führungspositionen, also die Jobs, bei denen es um Hunderte von Menschen, Tausende von Stellen und Millionen von Mark geht, daß da genau immer noch 0,6 Prozent Frauen sitzen. Dabei schwärmen alle Männer in den Chefetagen, wie gut die wenigen Frauen sind, wenn sie denn eine Spitzenfunktion erreicht haben: sozial, einfühlsam, kooperativ, entscheidungsfroh, kommunikativ und bestens ausgebildet.

Es will mir bis heute nicht in den Kopf, daß alle Biologen bei der Geburt Mädchen und Jungen anteilig mehr oder weniger Intelligenz und andere Fähigkeiten zusprechen. Daß sie immer wieder bestätigen, daß der Kopf und seine Einsatzmöglichkeiten nichts mit dem Geschlecht zu tun haben. Sicher – weltweit, vor allem in den Südländern, kommen kleine Mädchen nicht an Bildung heran. Aber bei uns, in Deutschland, haben im Sommer 1997 Mädchen zum Beispiel bessere Abiturnoten vorzuweisen als Jungen, studieren mehr Mädchen als Jungen und haben in vielen Fächern beim Abschluß mindestens gleich gute, wenn nicht bessere Noten. Das Buch von der emotionalen Intelligenz beunruhigt die Männer, in den Vereinigten Staaten ist es millionenmal verkauft worden.

Was ist es also, was uns Frauen dennoch hinterherhinken läßt? Um im Bild zu bleiben: was uns Frauen unverändert die Wiegen bewegen läßt, aber nicht die Politik? Ich denke, wir müssen vor allem allen Männern klarmachen, daß sie gewinnen, wenn sie teilen: das öffentliche Leben und das private. Wenn sie partnerschaftlich zu Hause die Kinder mit versorgen und im Job halblang machen. Wenn beide halbtags arbeiten, solange die Kinder klein sind, sehen dann ja auch Väter ihre Sprößlinge großwerden und stehen ihnen mit 20 Jahren dann nicht sprach- und fassungslos gegenüber – als Fremde. Wenn Männer teilen, lastet auch nicht die ganze wirtschaftliche Verantwortung auf ihnen. Was sicher auch nicht immer leicht und einfach ist. Wenn Männer in der Politik nicht ständig Frauen an den Kochtopf verbannen wollen, sondern wie in anderen europäischen Ländern die Netzwerke ermöglichen würden, um Beruf und Familie zu vereinen – dann wäre schon viel gewonnen. Spanische, italienische oder französische Kinder sind auch nicht anders als deutsche, nur weil sie länger in Horte und Kindergärten gehen oder gar in Ganztagsschulen ihre Hausaufgaben erledigen.

So will das Buch Mut machen, zum eigenen Weg. Nicht gegen die Männer, sondern mit ihnen. Damit viele Dramen des Frauseins in Deutschland überhaupt nicht mehr geschehen ...

Maria von Welser

Literaturhinweise

Kokula, Ilse: Wir leiden nicht mehr, sondern sind gelitten! Köln 1987

Braun, Sabine / Christine Proske: Frauenliebe, Freundschaft, Lust und Zärtlichkeit. München 1990

Dürmeier, Waltraud (Hrsg.): Wenn Frauen Frauen lieben. München 1990

Vultejus, Ulrich (Hrsg.): Das Urteil von Memmingen. Köln 1990

Friedrichsen, Gisela: Abtreibung – Das Kreuz von Memmingen. Zürich und Wiesbaden 1989

Eder, Ruth: Die geschlagenen Frauen. München 1988

Ernst, Andrea / Ingrid Füller: Schlucken und Schweigen. Köln 1988

Achausen, Silke / Charlotte Dorn (Hrsg.): Wege aus der weiblichen Armut. Tagungsbericht, Bundesinstitut für Berufsbildung Berlin und Arbeiter-Bildungs-Zentrum der Arbeiterkammer e. V., Bremen

Die Frau in der Literatur

Schamrot gestehen Rita Mae Brown, Regula Venske, Gabriele Haefs, Norgard Kohlhagen und zwanzig andere bis auf die Knochen blamierte Autorinnen die peinlichsten Augenblicke ihres Lebens - und wie sie sich aus der Affäre zogen. Ein Buch, das Frauen echte Lebenshilfe bietet, auch wenn es durchgehend zum Lachen ist.

Annemarie Stoltenberg (Hrsg.)
»Erde, tu dich auf!«
Pechschwarze Geschichten von schamroten Frauen
Mit einem Nachwort der Herausgeberin
144 Seiten
Ullstein Taschenbuch 30410

Ullstein Taschenbuch